▶ **知识产权专业职称考试辅导用书**

知识产权专业职称
考试用书
〈知识导引〉初级

陈　燕 / 主编

知识产权出版社
全国百佳图书出版单位
—北 京—

图书在版编目（CIP）数据

知识产权专业职称考试用书·知识导引：初级/陈燕主编. —北京：知识产权出版社，2020.7
ISBN 978-7-5130-7022-5

Ⅰ.①知… Ⅱ.①陈… Ⅲ.①知识产权法—中国—资格考试—自学参考资料 Ⅳ.①D923.4

中国版本图书馆 CIP 数据核字（2020）第 112681 号

内容提要

本书是根据知识产权专业职称考试教材（初级）对应编写的辅导资料，对应教材，将其中的知识点一一梳理，使考生能够更好地掌握考试教材中的知识内容。本书的主要内容包括知识产权基础、专利申请、专利保护、专利运用、商标基础、商标使用、注册商标专用权的保护、著作权、地理标志、商业秘密、其他类型的知识产权等。

本书适用于参加知识产权专业职称考试（初级）的考生、知识产权行业工作人员、科研人员、企事业单位相关人员等。

责任编辑：程足芬	责任校对：谷 洋
封面设计：博华创意·张冀	责任印制：刘译文

知识产权专业职称考试用书·知识导引（初级）

陈 燕 主 编

出版发行	**知识产权出版社** 有限责任公司	网 址：	http://www.ipph.cn
社 址：	北京市海淀区气象路 50 号院	邮 编：	100081
责编电话：	010-82000860 转 8390	责编邮箱：	chengzufen@qq.com
发行电话：	010-82000860 转 8101/8102	发行传真：	010-82000893/82005070/82000270
印 刷：	三河市国英印务有限公司	经 销：	各大网上书店、新华书店及相关专业书店
开 本：	787mm×1092mm 1/16	印 张：	10
版 次：	2020 年 7 月第 1 版	印 次：	2020 年 7 月第 1 次印刷
字 数：	206 千字	定 价：	40.00 元

ISBN 978-7-5130-7022-5

| 编 写 组 |

主　编　陈　燕

副主编　谢小勇　孙张岩

主要撰稿人

第一章：董　涛　张健佳

第二章：李永红　孙　琨

第三章：谢小勇　寿晶晶

第四章：陈　燕　孙　玮

第五章：孙张岩　杨国名

第六章：孙张岩　彭家新

第七章：孙张岩　崔　倩

第八章：易继明

第九章：谢小勇　孙　玮

第十章：马一德　于海江

第十一章：谢小勇　方　波

统稿人　孙　玮　王丽丽

审稿人　李芬莲　彭家新

前 言
INTRODUCTION

2019 年 6 月，人力资源和社会保障部印发《关于深化经济专业人员职称制度改革的指导意见》，明确提出在经济师系列中增设知识产权专业职称。知识产权从业人员第一次有了属于自己的职称名称——知识产权师。这是知识产权领域职称工作的一项重大改革，对于发挥好人才评价的"指挥棒"作用，加强知识产权专业人才队伍建设，促进知识产权治理体系和治理能力现代化，推进创新型国家建设和经济社会高质量发展具有深远而重要的意义。

2019 年 11 月以来，在国家知识产权局人事司的带领下，中国知识产权研究会组织有关专家，开展了经济专业技术资格考试知识产权专业科目考试大纲制定以及初级、中级考试用书的编写等相关工作。2020 年 3 月，《经济专业技术资格考试知识产权专业知识与实务》初级、中级和高级考试大纲正式发布，引发知识产权从业人员高度关注。为帮助广大应试人员了解掌握知识产权专业技术资格考试的基础知识、把握考试重点、攻克考试难点，提高复习效率，中国知识产权研究会联合相关专家完成了《知识产权专业职称考试用书·知识导引》等书目的编写工作。

本书紧紧围绕《经济专业技术资格考试知识产权专业知识与实务（初级）》考试大纲和考试用书，结合初级考试测查应试人员"是否理解知识产权专业理论原理，掌握专业工作方法和专业技术，了解专业相关法律、规范（规定），以及是否具有运用上述知识从事知识产权专业实务工作，科学、合理地创造、运用、保护、管理知识产权的初步能力"的考试要求，将知识产权专业职称考试（初级）所需要了解、理解、熟悉和掌握的知识要点进行了全面提炼、系统梳理和形象展示，以帮助广大考生更为快速理解、掌握和贯通考试的知识点。全书简明扼要，图文并茂，是广大考生快速把握考试要求、熟悉领会知识要点的良好帮手。

本书的编写得到了国家知识产权局廖涛副局长、周晖国副局长、人事司王岚涛司长、丰兆龙副巡视员的大力支持和指导，在此表示衷心的感谢。本书的编写还得到了国家知识产权局条法司、战略规划司、知识产权保护司、知识产权运用促进司、公共服务司等部门的大力支持与帮助，在此深表谢意。此外，国家知识产权局人事司综合业务处郭新志处长、王亚琴副处长、陈君竹副调研员等同志对本书的编写提出了许多有益的意见和建议，在此深表感谢。中国知识产权研究会综合部孟睿、董美娜等同志也在本书编写过程中提供了许多帮助和支持，在此一并表示感谢。

由于时间仓促，水平有限，本书撰写过程中出现疏漏在所难免，希望广大读者批评指正并提供宝贵意见。后续我们将会根据真题和考情的具体状况适时完善和修订本书的内容。

编写组

2020 年 6 月

CONTENTS

第一章 CHAPTER 1
知识产权基础

一、基本内容框架

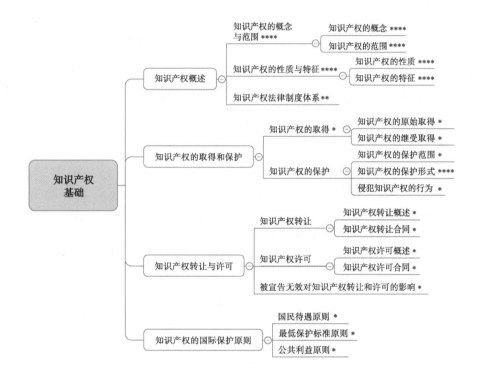

二、主要知识点

（一）掌握＊＊＊＊

1. 知识产权的概念
2. 知识产权的范围
3. 知识产权的性质
4. 知识产权的特征
5. 知识产权的保护形式

（二）理解＊＊

6. 知识产权法律制度体系

（三）了解＊

7. 知识产权的原始取得
8. 知识产权的继受取得
9. 侵犯知识产权的行为
10. 知识产权转让概述
11. 知识产权转让合同
12. 知识产权许可概述
13. 知识产权许可合同
14. 被宣告无效对知识产权转让和许可的影响
15. 国民待遇原则
16. 最低保护标准原则
17. 公共利益原则

三、知识点解析

知识点一　知识产权的概念

■ 大纲要求：掌握＊＊＊＊

概　念	知识产权（intellectual property）是人们对于自己的智力活动创造的成果和经营管理活动中的标记、商誉依法享有的权利
三个要点	知识产权是区别于传统所有权的另类权利，是产生于精神领域的非物质性的财产权
	知识产权是基于创造性智力成果和工商业标记所产生的权利
	知识产权是法定之权，其产生一般须由法律所认可
1986 年《民法通则》颁布后，开始正式通行"知识产权"的称谓	

知识点二　知识产权的范围

■ 大纲要求：掌握＊＊＊＊

		包括专利权、著作权及其邻接权、商标权、商号权、商业秘密权、地理标志权、集成电路布图设计权等各种权利
广　义（列举法）	国际法	1967 年《成立世界知识产权组织公约》明确了知识产权的范围
		1994 年《与贸易有关的知识产权协定》（《TRIPs 协定》）明确了知识产权的范围
	国内法	1986 年《民法通则》规定，知识产权包括著作权、专利权、商标权、发现权、发明权以及其他科技成果权
		2017 年《民法总则》第 123 条规定的知识产权客体包括作品；发明、实用新型、外观设计；商标；地理标志；商业秘密；集成电路布图设计；植物新品种以及法律规定的其他客体
狭义	文学产权	包括著作权及其与著作权有关的邻接权，是关于文学、艺术、科学作品的创作者和传播者所享有的权利
	工业产权	包括专利权、商标权，是指工业、商业、农业、林业和其他产业中具有实用经济意义的一种无形财产权

知识点三　**知识产权的性质**

■ **大纲要求：掌握 ＊＊＊＊**

1. 知识产权是一种民事权利

1）知识产权是一种新型的民事权利，是一种法定权利，其类型、内容均由法律设定，不能通过合同约定，是一种有别于财产所有权的无形财产权。

2）知识产权的产生、行使和保护，适用民法的基本原则和基本制度。知识产权具有民事权利或私人财产权利的基本属性。《TRIPs 协定》在其序言中强调知识产权是一项"私权"。

2. 知识产权客体具有非物质性

权利客体的非物质性是知识产权区别于民法物权的本质特性，是知识产权与相关权利的本质区别。

不发生有形控制的占有	人们对它的占有不是一种实在而具体的占据，而是表现为对某种知识、经验的认识与感受。知识产品虽具有非物质性特征，但它总要通过一定的客观形式表现出来，作为其表现形式的物化载体所对应的是物权而不是知识产权
不发生有形损耗的使用	知识产品的公开性是知识产权产生的前提条件。由于知识产品必须向社会公示、公布，人们从中得到有关知识即可使用，而且在一定时空条件下，可以被若干主体共同使用。上述使用不会像有形物使用那样发生损耗
不发生消灭知识产品的事实处分与有形交付的法律处分	知识产品不可能有实物形态消费而导致其本身消灭之情形，它的存在仅会因期间（即法定保护期）届满产生专有财产与社会公共财富的区别。同时，有形交付与法律处分并无联系。国家赋予知识产品的创造者以知识产权，并对这种权利实行有别于传统财产权制度的法律保护

知识点四　**知识产权的特征**

■ **大纲要求：掌握 ＊＊＊＊**

1. 专有性（排他性和绝对性）

1）知识产权专有性的法律表现：

①知识产权为权利人所独占，没有法律规定或未经权利人许可，任何人不得使用权利人的知识产品。

②对同一项知识产品，不允许有两个或两个以上同一属性的知识产权并存。

2）与所有权专有性的区别：

①所有权的排他性表现为所有人排斥非所有人对其所有物进行不法侵占、妨害或毁损，而知识产权的排他性则主要是排斥非专有人对知识产品进行不法仿制、假冒或剽窃。

②所有权的独占性是绝对的，即所有人行使对物的权利，既不允许他人干涉，也不需要他人积极协助，在所有物为所有人控制的情况下，且无地域和时间的限制。知识产权的独占性则是相对的，这种垄断性权利往往要受到权能方面的限制，且其独占性只有在一定空间地域和有效期限内才发生效力。

2．地域性

1）知识产权受到地域的限制，其效力只限于本国境内。

2）知识产品的国际性需求与知识产权的地域性限制之间存在矛盾。为了解决这一矛盾，各国先后签订了一些保护知识产权的国际公约，成立了一些全球性或区域性的国际组织，在世界范围内形成了一套国际知识产权保护制度。

3）知识产权的严格地域性受到挑战，主要表现在：跨国知识产权的出现；涉外知识产权管辖权与法律适用的发展。

3．时间性

1）知识产权仅在法律规定的期限内受到保护，一旦超过法律规定的有效期限，这一权利就自行消灭，相关知识产品即成为整个社会的共同财富，为全人类所共同使用。

2）时间性特点是知识产权与所有权的主要区别之一。

建立知识产权的目的在于采取特别的法律手段调整因知识产品创造或使用而产生的社会关系，这一制度既要促进文化知识的广泛传播，又要注重保护知识产品创造者的合法利益，协调知识产权专有性与知识产品社会性之间的矛盾。

知识产权的上述特征，是与其他民事权利特别是所有权相比较而言的，是具有相对意义的概括和描述。从本质上说，只有客体的非物质性才是知识产权所属权利的共同法律特征。

知识点五　知识产权法律制度体系

■ **大纲要求：理解** ＊＊

1．知识产权法的概念

知识产权法是调整因知识产品而产生的各种社会关系的法律规范的总和，它是国际上通行的确认、保护和利用著作权、工业产权以及其他智力成果专有权利的一种专门法律制度。

2. 知识产权法的立法框架

1	知识产权的主体制度	知识产权的主体，是知识形态商品生产者和交换者在法律上的资格反映。什么人可以参加知识产权法律关系，享有何种权利或承担何种义务，是由国家法律直接规定的
2	知识产权的客体制度	知识产权的保护对象即知识产品是一种有别于动产、不动产的精神财富或无形财产，什么样的知识产品能够成为权利客体而受到保护，通常需要有法律上直接而具体的规定
3	知识产权的权项制度	知识产权是知识财产法律化、权利化的表观。由于知识产品的类型不同，其权利的内容范围也有所区别。除少数知识产权类型具有人身与财产的双重权能内容外，大多数知识产权即是知识财产权
4	知识产权的利用制度	知识形态商品关系的横向联系，即知识产品的交换和流通在法律上表现为知识产权的转让及使用许可等。法律承认文化交流、图书贸易、技术转让等各种流转形式，保护知识产品的创造者、受让者、使用者等各方的合法权益
5	知识产权的保护制度	知识产权的侵权与救济是知识产权保护制度的核心内容。知识产权法明文规定权利的效力范围，制裁各类直接侵权行为和间接侵权行为，并提供民事、行政及刑事的多种法律救济手段
6	知识产权的管理制度	知识产权的取得、转让及消灭，必须遵照法律的规定，并接受主管机关的管理。法律一般规定有相关管理机关的职责，并赋予其对有关知识产权问题进行行政调解、管理和处罚的权力

3. 历史上第一部知识产权专门法

第一部专利法	《垄断法规》	1624 年	英国
第一部著作权法	《为鼓励知识创作而授予作者及购买者就其已印刷成册的图书在一定时期内之权利法》（以下简称《安娜法令》）	1709 年	英国
第一部商标法	《关于以使用原则和不审查原则为内容的制造标记和商标的法律》	1857 年	法国

4. 我国先后颁布的法律法规

1982 年 8 月 23 日	《商标法》
1984 年 3 月 12 日	《专利法》
1986 年 4 月 12 日	《民法通则》（专节规定了知识产权）
1990 年 4 月 7 日	《著作权法》

续表

1993 年 9 月 2 日	《反不正当竞争法》
2007 年 8 月 30 日	《反垄断法》
2017 年 3 月 15 日	《民法总则》（明确了知识产权的客体范围）

5. 我国加入的知识产权国际公约

1	1980 年	《世界知识产权组织公约》（以下简称《WIPO 公约》）
2	1985 年	《保护工业产权巴黎公约》（以下简称《巴黎公约》）
3	1989 年	《商标国际注册马德里协定》（以下简称《马德里协定》）
4	1990 年	《保护文学和艺术作品伯尔尼公约》（以下简称《伯尔尼公约》）
5	1992 年	《关于集成电路的知识产权条约》
6	1992 年	《世界版权公约》
7	1993 年	《保护唱片制作者防止唱片被擅自复制日内瓦公约》
8	1994 年	《专利合作条约》
9	2001 年	《TRIPs 协定》
10	2007 年	《世界知识产权组织版权条约》（以下简称《版权条约》）
11	2007 年	《世界知识产权组织表演和录音制品条约》（以下简称《表演与录音制品条约》）
12	2014 年	《视听表演北京条约》

6. 我国现行知识产权立法包括的法律制度

1	著作权法律制度	以保护创作者和传播者的专有权利为宗旨，其客体范围除一般意义上的作品外，还应包括民间文学艺术和计算机软件
2	专利权法律制度	以工业技术领域的发明创造成果为保护对象，其专有权利包括发明专利权、实用新型专利权、外观设计专利权
3	工业版权法律制度	兼有著作权、专利权双重因素的新型知识产权，表现为集成电路布图设计专有权等
4	商标权法律制度	一种主要的工业产权法律制度，其保护对象包括商品商标和服务商标
5	商号权法律制度	对工商企业名称或字号的专用权进行保护的法律制度，其立法形式可采取单行法规形式，也可采取与商标权合并立法形式
6	地理标志权法律制度	以地理标志权为保护对象，禁止使用虚假地理标志的法律制度，其立法形式一般规定在反不正当竞争法中，也可制定单行法规
7	商业秘密权法律制度	以未公开的信息包括经营秘密和技术秘密为保护对象的法律制度，可以制定单行法规，亦可列入反不正当竞争法中
8	反不正当竞争法律制度	制止生产经营活动中不正当损害他人知识产权行为的专门法规，适用于各项知识产权制度无特别规定或不完备时需要给予法律制裁的侵害事实

知识点六　知识产权的原始取得

■ **大纲要求：了解** *

权利产生的法律 事实包括两个方面	创造者的创造性行为
	国家机关的授权性行为
知识产权主体制度的 身份原则具有两个特点	创造者的身份一般属于从事创造性智力劳动的自然人，但在有的情况下也可能 归属于组织、主持创造活动并体现其意志或承担相应责任的法人
	创造者的身份既是智力创造性活动这一事实行为的结果，又是行为人取得知识 产权的前提。在有关权益纠纷中，创造者身份的确认对判定权源、划分权属有 着重要的意义

此外，在某些知识产权的原始取得中，如专利、商标，国家机关的授权行为是权利主体资格最终得以确认的必经程序。

知识点七　知识产权的继受取得

■ **大纲要求：了解** *

1）继受取得分为两类：合同转让和继承。
继承包括法定继承和遗嘱继承。
2）知识产权权利价值的实现过程：创造—传播—使用。
3）知识产权继受取得区别于所有权相关制度的社会意义：
知识产权所有人往往要借助他人的意思和行为来实现自己的利益。

知识点八　知识产权的保护范围

■ **大纲要求：了解** *

知识产权的保护范围：客体是无形财产，其保护范围要求法律给予特别规定。
①在保护范围内，权利人对自己的知识产品可以行使各种权利。
②超出这个保护范围，权利人的权利丧失效力，不得排斥他人对知识产品的使用。

知识点九　知识产权的保护形式

■ **大纲要求：掌握** * * * *

知识产权的保护形式包括民事、行政、刑事三种类型的救济措施。

1. 民事救济措施

民事救济措施具有维护权利状态或对权利人所受损害给予补偿之作用			
民事救济采取的主要方法	请求停止侵害	由于知识产品的特性所致，停止侵害是排除对权利人行使专有权利之"妨碍"，而不可能是制止对权利客体即知识产品之"侵害"	
	请求赔偿损失	按侵权人在侵权期间因侵权行为所得的利润计算	如权利人的实际损失和侵权人的非法所得不能确定的，则可以适用法定赔偿的有关规定，即由法官根据侵权行为的社会影响、侵权手段和情节、侵权时间和范围以及侵权人的主观过错程度，判决给予一定数额金钱的赔偿
		按权利人在被侵权期间因被侵权所受到的损失计算	

2. 行政救济措施

由行政机关对侵权行为作出的训诫（警告）、责令停止制作和发行侵权复制品、没收非法所得、没收侵权复制品和侵权设备以及罚款等强制性措施		
《TRIPs 协定》规定了海关中止放行制度	当受害人发现有侵权复制品经由海关进口或出口，则可向有关行政或司法机关提供书面申请和担保，由海关扣押侵权复制品，中止该类商品的放行	如海关查实被扣商品系侵权复制品，则予以没收
		如扣押错误，则申请人应赔偿被申请人的合理损失

我国知识产权立法对知识产权保护采取了行政保护与司法保护的双轨制。

3. 刑事救济措施

《TRIPs 协定》对各缔约方的最低要求	侵权使用达到一定的商业规模
	非法使用人主观上出于故意
我国《刑法》规定	侵犯商标权罪、侵犯专利权罪、侵犯商业秘密罪等各种犯罪行为
	有期徒刑、拘役、管制、罚金等各种刑事处罚

知识点十 侵犯知识产权的行为

■ **大纲要求：了解** *

侵犯知识产权的行为主要包括以下几个方面：

1）未经授权，在生产、经营、广告、宣传、表演和其他活动中使用相同或者近似的商标、特殊标志、专利、作品和其他创作成果。

2）伪造、擅自制造相同或者近似的商标标识、特殊标志或者销售伪造、擅自制造的商标标识、特殊标志。

3）变相利用相同或者近似的商标、特殊标志、专利、作品和其他创作成果。

4）未经授权，在企业、社会团体、事业单位、民办非企业单位登记注册和网站、域名、地名、建筑物、构筑物、场所等名称中使用相同或者近似的商标、特殊标志、专利、作品和其他创作成果。

5）为侵权行为提供场所、仓储、运输、邮寄、隐匿等便利条件。

6）违反国家有关法律、法规规定的其他侵权行为。

知识点十一 知识产权转让概述

■ **大纲要求：了解** *

1. 概念

知识产权转让，是指知识产权出让主体与知识产权受让主体，根据与知识产权转让有关的法律法规和双方签定的转让合同，将知识产权由出让方转移给受让方的法律行为。

2. 知识产权转让的法律后果

相关知识产权的权利主体发生了变化，受让方成为转让后的知识产权的权利主体。

3. 知识产权转让必须在现行法律法规与双方当事人签订的有效转让合同框架内方可发生

1）知识产权转让必须依照现行法律法规，这是由知识产权的性质以及转让管理决定的，知识产权具有专有性、时间性与地域性，它不同于一般的有形物。因此，知识产权权利转让必须要遵守法律法规。

2）知识产权转让在本质上是一种权利转让合同，是权利主体的变更行为，所以必须遵守双方当事人依法签定的知识产权转让合同。

知识点十二 知识产权转让合同

■ **大纲要求：了解** *

1. 知识产权转让合同的形式

知识产权转让合同是要式合同，特定的形式是指书面形式，部分知识产权转让合同还必须履行行政登记或备案等程序，行政主管部门对于知识产权转让有审核权。

2. 知识产权转让合同的法律规则

（1）商标权转让合同

转让人和受让人应当签订转让协议，并共同向国家知识产权局提出申请。对容易导致混淆或者有其他不良影响的转让，国家知识产权局不予核准，书面通知申请人并说明理由。转让注册商标经核准后，予以公告。受让人自公告之日起享有商标专用权。

（2）专利权转让合同

《专利法》要求专利权的转让必须办理登记手续，中国单位或者个人向外国人、外国企业或者外国其他组织转让专利申请权或者专利权的，应当依法办理手续。转让专利申请权或者专利权的，当事人应当订立书面合同，并向国务院专利行政部门登记，由国务院专利行政部门予以公告。专利申请权或者专利权的转让自登记之日起生效。专利权因其他事由发生转移的，当事人应当凭有关证明文件或者法律文书向国务院专利行政部门办理专利权转移手续。

（3）著作权转让合同

与著作权人订立转让合同的，不需要办理登记，可以向著作权主管部门备案。

除上述转让合同外，欠缺形式要件的知识产权转让合同不会影响到合同效力本身，即不会因为没有登记或者备案而导致合同无效，但是不能对抗善意第三人。

由于知识产权转让会发生权利主体变更的法律效果，所以在享有知识产权的主体为多人时，行使知识产权的转让权需要遵循协商一致的原则。

3. 知识产权转让合同的内容

①合同主体；②转让的权利种类；③转让的地域范围；④转让的价金；⑤交付转让价金的时间和方式；⑥受让方的其他义务；⑦违约责任等。其中，转让的权利可以是知识产权的部分权能，也可以是知识产权的全部财产权利。

知识点十三　知识产权许可概述

■ 大纲要求：了解 *

1. 概念

知识产权许可是指许可方与被许可方之间依法签订合同，由许可方授权被许可方按照约定方式使用知识产权的法律行为。

2. 与知识产权转让的区别

知识产权许可使用只是表明知识产权中的一个或几个权项的有条件利用，即形成同一客体为不同主体同时使用的情形。

3. 知识产权权利人行使许可权的方式

1）可以自己行使许可权。

2）可以委托他人行使许可权。

3）禁止他人未经许可行使。

部分利用他人有知识产权的成果形成的智力成果，受到知识产权法的保护，但这种保护仅在权利归属层面明确了权利主体，但是在权利行使方面，仍然需要获得原智力成果知识产权权利人的许可。

知识点十四　知识产权许可合同

■ 大纲要求：了解 *

1. 知识产权许可合同的形式

与知识产权转让的形式要件相同，知识产权许可也应采取书面形式。一般来说，知识产权许可合同需要知识产权许可人报主管机关备案。

2. 知识产权许可合同的法律规则

（1）专利权许可合同

根据《专利法实施细则》的规定，专利权人与他人订立的专利实施许可合同，应当自合同生效之日起3个月内向国务院专利行政部门备案。

（2）商标权许可合同

根据《商标法》的规定，商标注册人可以通过签订商标使用许可合同，许可他人使用其注册商标。许可人应当监督被许可人使用其注册商标的商品质量。被许可人应当保证使用该注册商标的商品质量。经许可使用他人注册商标的，必须在使用该注册商标的商品上标明被许可人的名称和商品产地。许可他人使用其注册商标的，许可人应当将其商标使用许可报国家知识产权局备案，由国家知识产权局公告。商标使用许可未经备案不得对抗善意第三人。

（3）著作权许可合同

与著作权人订立专有许可使用合同的，可以向著作权主管部门备案。不同的使用方式对于著作权许可的要求存在差异性，一般来说，使用他人作品应当同著作权人订立许可使用合同，许可使用的权利是专有使用权的，应当采取书面形式，但是报纸、期刊刊登作品除外。

3. 知识产权许可合同的内容

①合同主体；②许可的权利种类；③许可的地域范围；④许可的价金；⑤交付许

可价金的时间和方式；⑥违约责任等。其中，许可的权利可以是知识产权的部分权能，也可以是知识产权全部财产权利。

对于知识产权许可合同约定不明的解释规则问题，《合同法》规定了合同解释的一般规则，知识产权法有特殊的规定。以著作权许可合同为例，合同没有约定或者约定不明的，视为被许可人有权排除包括著作权人在内的任何人以同样的方式使用作品；除合同另有约定外，被许可人许可第三人行使同一权利，必须取得著作权人的许可。

知识点十五　被宣告无效对知识产权转让和许可的影响

■ **大纲要求：了解** *

部分知识产权尤其是工业产权存在行政审查授权机制，也存在无效宣告和行政诉讼程序，这会影响到已授权的知识产权的效力，如果知识产权被行政主管部门宣告无效，其法律结果是该知识产权自始无效。

如何对待自始无效的知识产权和已经履行的知识产权转让合同和许可使用合同，是一个重大的法律问题。

知识点十六　国民待遇原则

■ **大纲要求：了解** *

1）国民待遇原则是众多知识产权公约所确认的首要原则。其基本含义是指在知识产权保护方面，各缔约方（成员）之间相互给予平等待遇，使缔约方国民与本国国民享受同等待遇。

2）国民待遇原则要求每个国家在自己的领土范围内独立适用本国法律，不分外国人还是本国人而给予平等保护。

3）《巴黎公约》规定，在工业产权的保护上，每个缔约方必须以法律给予其他缔约方国民以本国国民所享受的同等待遇。

《伯尔尼公约》规定，公约缔约方应给予以下三种作者的作品以相当于本国国民享受的著作权保护：

①其他缔约方的国民。

②在任何缔约方有长期住所的人。

③在任何缔约方首次发表其作品的人（即使他在任何缔约方中均无国籍或长期住所）。

知识点十七　最低保护标准原则

■ **大纲要求：了解** *

1. 概念

最低保护标准原则，是指各缔约方依据本国法对某条约缔约方国民的知识产权保护不能低于该条约规定的最低标准，这些标准包括权利保护对象、权利取得方式、权利内容及限制、权利保护期间等。

该项原则在《伯尔尼公约》第 5 条、第 19 条和《TRIPs 协定》第 1 条等条款中均有体现。

2. 最低保护标准原则与国民待遇原则的区别

1）国民待遇原则基于各国经济、科技、文化发展不平衡的现状，承认各国知识产权制度的差异，从而保证了知识产权制度国际协调的广泛性和普遍性。

2）最低保护标准原则是对国民待遇原则的重要补充，旨在促使缔约方在知识产权保护水平方面统一标准。

知识点十八　公共利益原则

■ **大纲要求：了解** *

公共利益原则，是指知识产权的保护和权利行使，不得违反社会公共利益，应保持公共利益和权利人利益之间的平衡。

1）公共利益原则既是一国知识产权制度的价值目标，也是知识产权国际保护制度的基本准则。

2）在传统的知识产权国际公约中，公共利益原则多通过知识产权限制的有关制度来体现。

《巴黎公约》第 5 条规定	强制许可制度
《伯尔尼公约》第 10 条规定	著作权合理使用制度
《版权条约》《表演与录音制品条约》（概称为"互联网条约"）均在序言中规定	有必要保持作者的权利与广大公众的利益，尤其是教育、研究和获得信息的利益之间的平衡
《TRIPs 协定》在序言中明确知识产权保护制度所奉行的公共利益目标	（1）保护公共健康和营养 （2）促进对其社会经济和技术发展至关重要的部门的公共利益

第二章 CHAPTER 2

专利申请

一、基本内容框架

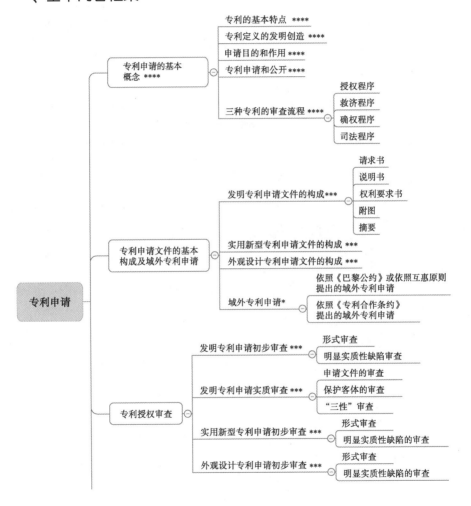

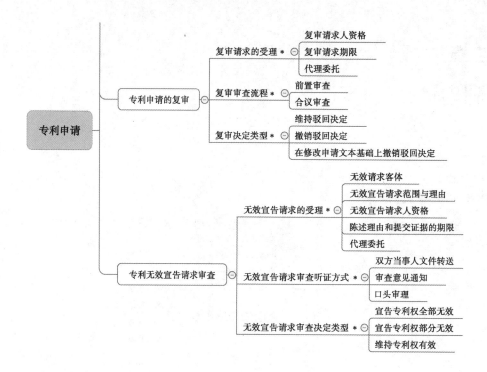

二、主要知识点

（一）掌握＊＊＊＊

1. 专利的基本特点

（二）熟悉＊＊＊

2. 专利申请文件的基本构成

3. 发明专利申请初步审查与实质审查

4. 实用新型、外观设计专利申请初步审查

（三）了解＊

5. 了解域外专利申请的相关依据

6. 专利复审请求的受理与审查流程以及复审决定类型

7. 专利无效宣告请求的受理、审查与决定类型

三、知识点解析

知识点一　专利的基本特点

■ 大纲要求：掌握＊＊＊＊

发明创造的定义	发明创造在《专利法》中具有特定的含义，包括三种类型：发明、实用新型与外观设计
申请日的法律作用	申请日是确定一项专利申请授权前景的关键日
	解析：判断两项专利申请哪项更有授权可能性，比较的是申请日更早而不是发明创造完成更早；判断一项专利申请是否具有新颖性，比较的是申请日前公开的技术，而不是发明创造完成之前已有技术或专利审查之前的已有技术；在任何程序中修改专利申请文件都不得超出申请日时提交的说明书和权利要求书记载的范围
	申请日是计算专利保护期限的起算日
三种专利授权程序的区别	发明专利申请：需要经过初步审查程序和实质审查程序后方可授权
	实用新型和外观设计专利申请：经过初步审查程序即可以授权
	解析：实用新型专利应当具备创造性，但是实用新型初步审查不包括对创造性的审查；外观设计专利与现有设计特征组合相比应当具有明显区别，但有关审查也不属于外观设计初步审查的范畴
专利申请或专利的公开	含义：专利一旦授权便予以公告
	权利公示的作用：便于公众获取专利信息
	解析：通过专利公告，公众能够知道哪些发明创造已经获得了专利权以及其保护范围是什么。同时，公告使得公众了解有关发明创造的具体内容，由此丰富了公众可以获得的信息，这是专利制度以公开换保护的必然要求
	发明专利公开程序：经过初步审查符合《专利法》规定的申请，自申请日起18个月即行公布
	解析：公布时间不是18个月前，也不是18个月后，而是满18个月，这是兼顾公众技术信息需求与申请人保护自有信息需求的平衡点
	补偿权：发明专利申请公布后，申请人可以要求实施其发明的单位或者个人支付适当的费用

续表

行政救济程序	复审程序：不管在初步审查程序还是实质审查程序中作出的驳回决定，申请人不服的，都可以向国家知识产权局请求复审
	复审客体：仅限于驳回决定
	司法程序：对国家知识产权局作出的复审决定不服的，可以向人民法院起诉
确权程序	无效程序：专利授权公告后，如果有人认为专利权授权不当，任何时候都可以向国家知识产权局提出宣告该专利权无效的请求。一旦被宣告无效，则该专利权视为自始即不存在
	解析：包括未经实质审查授权的实用新型专利或外观设计专利，也包括发明专利
	司法程序：专利权人或无效请求人对国家知识产权局作出的无效宣告请求决定不服的，都有权向人民法院起诉

知识点二　专利申请文件的基本构成

■ 大纲要求：熟悉 ＊ ＊ ＊

发明及实用新型专利申请文件的构成	
说明书	对发明或实用新型要解决的问题、解决问题的具体方案以及效果等内容的描述
	判断申请人作出什么贡献的基础
	为公众提供详细技术信息的载体
权利要求书	确定专利保护范围的基础，是体现专利权大小的载体
	判断专利侵权的重要法律文件
	授权审查程序中重点审查的核心部分
说明书附图	帮助读者理解说明书内容的文件
	说明书附图是实用新型专利申请文件的必要组成部分
	对于发明，提交附图不是必不可少的要求
请求书	按照专利类型分别制作的表格，因而可以明确地表明所申请的专利是发明、实用新型还是外观设计
	包括注明发明名称、发明人信息、申请人信息等事项
摘要	作用在于发挥方便专利信息检索、快速阅读等信息传播功能
	摘要中存在的错误不会导致专利申请被驳回，也不会导致专利权被无效
外观设计专利申请文件的构成	
图片或照片	承担公开发明创造及限定保护范围功能的文件，图片或者照片是审查的核心
简要说明	补充图片或者照片的公开作用与限定作用
	作为特定产品的外观设计，仅凭图片尚未清楚完整地公开其发明创造，有必要在简要说明中写明产品的名称和用途

知识点三 **专利申请初步审查与实质审查**

■ **大纲要求：熟悉** ＊ ＊ ＊

1．形式审查

发明、实用新型或外观设计专利初步审查中都包括形式审查内容，主要包括申请人资格审查、专利代理委托审查、著录项目变更审查等。

（1）申请人资格审查

外国申请人：需要根据请求书中是否表明在中国有营业所或经常居所的情形而区别审查。

1）表明在中国有营业所或经常居所的情形，只需要核实性审查。

表明在中国有营业所，应当提交当地市场监督管理部门出具的证明文件；表明在中国有经常居所，应当提交公安部门出具的可在中国居住一年以上的证明文件。

2）在中国没有经常居所或者营业所的，则需要进行资格性审查，即至少需要满足以下三个条件之一才具备在中国申请专利的资格：

①申请人所属国同我国签订了相互给予对方国民以专利保护的协议。

②申请人所属国是《巴黎公约》成员方或者世界贸易组织成员。

③申请人所属国依互惠原则给予外国人以专利保护。

3）如果外国人与中国人作为共同申请人，在申请资格上仍然作为相互独立的审查对象。

本国申请人需要满足《专利法》对本国申请人资格的要求，如职务发明的申请人为单位，非职务发明的申请人为自然人。外国申请人则需要满足对外国申请人资格的要求。

（2）专利代理机构、专利代理人委托

1）在中国内地没有经常居所或者营业所的外国人、外国企业或者外国其他组织在中国申请专利和办理其他专利事务，必须委托专利代理机构。

2）中国申请人与外国申请人共同申请但第一署名为外国申请人的，要求同第1）条。

3）中国申请人与外国申请人共同申请但第一署名为中国申请人的，可以不委托代理机构。

4）在中国内地没有经常居所或者营业所的香港、澳门或者台湾地区的申请人作为独立的申请人或作为共同申请人中第一署名申请人的，也必须委托代理机构。

对于共同申请，在没有代理机构的情形下，一般以第一署名申请人为代表。

（3）姓名或名称变更

姓名或者名称变更需要根据不同权利主体、不同变更原因区别审查。

1）申请人或专利权人姓名或名称变更。

①因更名而变更，需要提交的证明文件：

姓名变更应当提交户籍管理部门出具的证明文件。

企业法人更名应当提交市场监督管理部门出具的证明文件。

事业单位法人更名应当提交登记管理部门出具的证明文件。

机关法人更名应当提交上级主管部门签发的证明文件。

②因填写错误或中文译名错误变更。

提交申请人（或专利权人）签字或者盖章的声明并提交其身份证明文件。

2）发明人姓名变更。

①提交户籍管理部门出具的证明文件。

②因错填或漏填而变更，应当提交全体申请人（或专利权人）和变更前全体发明人签字或者签章的证明文件。

2. 发明专利申请实质审查

发明专利实质审查是全面审查，涉及最多的是所谓"三性"审查，即新颖性、创造性、实用性审查。

知识点四　实用新型、外观设计专利申请初步审查

■ 大纲要求：熟悉＊＊＊

1. 实用新型专利申请初步审查

实用新型专利申请初步审查包括保护客体、新颖性、同样发明创造等明显实质性缺陷的审查以及专利申请文件撰写实质性缺陷的审查。方法专利不属于实用新型专利保护客体。

2. 外观设计专利申请初步审查

外观设计是对产品形状、图案或者其结合以及色彩与形状、图案的结合作出的富有美感并适于工业应用的新设计。对平面印刷品的图案、色彩或者二者的结合作出的

主要起标识作用的设计不授予专利权。

例如，用于饮料瓶上的瓶贴，其为平面印刷品，其外观设计仅涉及图案、色彩或二者的结合，如果该设计主要的作用是使公众识别饮料的来源，则不属于外观设计专利保护客体。

知识点五　域外专利申请的相关依据

■ **大纲要求：了解 ***

1）依照《巴黎公约》或依照国家间互惠原则向中国专利审查机构提交专利申请。

2）按照《专利合作条约》规定的程序提交专利申请。

知识点六　专利复审请求程序的基本知识

■ **大纲要求：了解 ***

1．复审请求受理程序

客体：驳回决定。

请求人资格：专利申请人。申请人为多人的，需要全部申请人作为复审请求人

请求期限：3 个月，即自收到国家知识产权局作出的驳回决定之日起 3 个月内。

2．复审请求审查流程

（1）前置审查

当复审请求经过形式审查后被受理，复审请求案件将送至作出驳回决定的原审查部门，原审查部门在收到案卷后 1 个月内完成前置审查。国家知识产权局将根据前置审查意见决定是否需要进行合议审查。

（2）合议审查

前置审查意见如果是坚持原驳回决定，国家知识产权局将成立合议组（3 人或 5 人）进行合议审查。

合议审查一般针对复审请求的理由进行审查。但在如下情形下，合议组可以对驳回决定中未提及的理由和证据进行审查：

1）驳回决定虽然没有提及该理由或证据，但在审查过程中曾经告知过申请人。

2）驳回决定未指出的明显实质性缺陷或者与驳回决定所指出缺陷性质相同的缺陷。

（3）复审决定类型

1）维持驳回决定。

2）撤销驳回决定。

3）在修改申请文本基础上撤销驳回决定。

知识点七　专利无效宣告请求程序的基本知识

■ 大纲要求：了解 *

1. 请求客体

请求客体：已经公告授权的专利。

一项已经公告授权的专利，可能因为已经期满或期满前被放弃而终止了专利权。即便如此，无效宣告请求人仍然可以针对曾经被公告授权现已失效的专利提出无效宣告请求。

2. 请求人资格

任何人都有权提起无效宣告请求。但是，请求人属于下列情形之一的，其无效宣告请求不予受理：

1）请求人不具备民事诉讼主体资格。

2）如果无效宣告请求针对的是外观设计专利且无效请求理由是外观设计专利与他人在申请日以前已经取得的合法权利相冲突，则无效宣告请求人必须是在先权利人或者利害关系人。

3. 审查决定类型

1）宣告专利权全部无效，即宣告所有权利要求无效。

2）宣告专利权部分无效，即仅宣告部分权利要求无效。

3）维持专利权有效。

专利权被宣告无效或部分无效具有视为自始状态的效力，即视为专利权自始不存在，或专利权自始仅包括被部分保留的权利要求。

第三章 ▪ CHAPTER 3

专利保护

一、基本内容框架

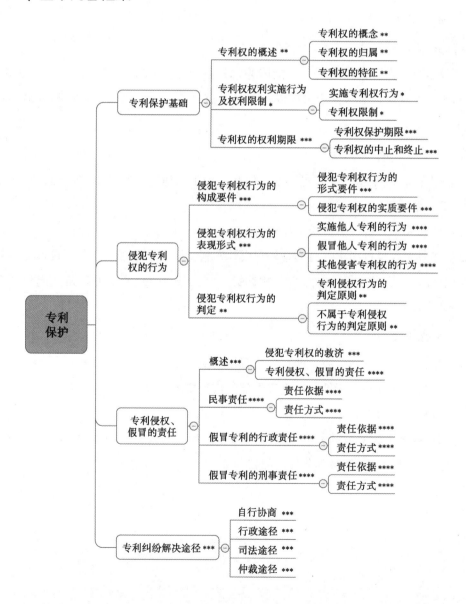

二、主要知识点

（一）掌握＊＊＊＊

1. 侵犯专利权行为的表现形式

2. 专利侵权、假冒的民事、行政、刑事责任依据与方式

（二）熟悉＊＊＊

3. 专利权保护期限

4. 侵犯专利权行为的构成要件

5. 侵犯专利权的救济与责任

6. 专利纠纷解决途径

（三）理解＊＊

7. 专利权权利属性

8. 侵犯专利权行为的判定

（四）了解＊

9. 专利权权利实施行为及权利限制

三、知识点解析

知识点一 专利权的概念

■ **大纲要求：理解** * *

发明人或其受让人就一项发明创造向一国政府或地区的专门机构提出申请，经依法审查合格后，由该机构以公开方式向专利申请人授予的在规定时间内和所管辖地域内对该发明创造享有的排他权。

知识点二 专利权的特性

■ **大纲要求：理解** * *

排他性、地域性、时间性。

知识点三 专利权的归属

■ **大纲要求：理解** * *

类型	专利申请权和专利权归属
职务发明创造	归单位所有
非职务发明创造	归个人所有
利用本单位的物质技术条件所完成的发明创造	依其合同约定
合作完成的发明创造	有约定从约定，无约定的归完成或者共同完成的单位或者个人
委托完成的发明创造	有约定从约定，无约定的归完成或者共同完成的单位或者个人
同样的发明创造申请	专利权授予最先申请的人，同时就同样的发明创造申请专利的自行协商

知识点四 专利权人的权利

■ **大纲要求：理解** * *

1. 独占权

除《专利法》另有规定的以外，任何单位或者个人未经专利权人许可，都不得实施其专利，即不得以生产经营为目的，制造、使用、许诺销售、销售、进口其专利产品，或者使用其专利方法以及使用、许诺销售、销售、进口依照该专利方法直接获得的产品。

发明和实用新型与外观设计独占权的区别：发明和实用新型专利权人有权制止他人未经其许可，以生产经营为目的，制造、使用、许诺销售、销售、进口其专利产品的行为；外观设计专利权人只能制止他人未经许可进行四种类型的实施行为，即制造、许诺销售、销售、进口其专利产品的行为。

2. 转让权

专利申请权或者专利权的转让自登记之日起生效，转让行为对于第三人产生效力，但登记不是"转让合同"本身的生效条件。

3. 许可权

任何单位或者个人实施他人专利的，应当与专利权人订立实施许可合同，向专利权人支付专利使用费。被许可人无权允许合同规定以外的任何单位或个人实施该专利。

4. 标记权

专利权人有权在其专利产品或者该产品的包装上标明专利标识。专利标记的目的：一是提醒公众注意该产品是受专利权保护的产品，任何人未经许可不得擅自仿制；二是对国家知识产权局授予专利权公告的一种补充，有助于提高全社会尊重他人知识产权的意识；三是公众普遍认为获得专利权的产品必然是新产品，因此标明专利标记也能够在一定程度上达到广告宣传效果，提高该产品对消费者的吸引力；四是可区别于同类产品从而帮助市场竞争。专利权人只有在专利权的有效期内才能在专利产品或者该产品的包装上标明专利标识。

5. 放弃专利权的权利

专利权人向国家知识产权局提交放弃专利权的书面声明，从而在其专利权期限届满前终止其专利权。声明放弃专利权的不需要说明放弃理由，也不能附加任何条件，并且只能整个放弃一项专利权，而不能部分放弃。专利权由多个专利权人共同拥有的，那么放弃专利权的声明必须由所有共有专利权人签字或盖章。

知识点五　　**专利权人的义务**

■ **大纲要求：理解** ＊＊

1）缴纳专利年费。专利权人应当自被授予专利权的当年开始缴纳年费。

2）不得滥用专利权。专利权人必须在法律规定的范围内正确行使专利权，不得利用专利权损害社会利益或他人合法权益。

知识点六　　**实施专利权行为**

■ **大纲要求：了解** ＊

实施专利的行为包括制造、使用、许诺销售、销售、进口 5 种类型。

知识点七　　**对专利权人的限制**

■ **大纲要求：了解** ＊

情形	规定
专利权用尽	专利权人自己或者其被许可人售出的专利产品或者依照专利方法直接获得的产品之后，任何人在购买了合法售出的专利产品后，应当享有自由处置其购买的产品的权利，不构成侵犯该项专利权的行为
先用权	在专利申请日前已经制造相同产品、使用相同方法或者已作好制造、使用的必要准备，并且仅在原有范围内继续制造、使用的，不视为侵犯专利权； 原有范围，是指包括专利申请日之前的已有生产规模以及利用已有的生产设备或者根据已有的生产准备可以达到的生产规模； 先用权的享有者不能许可他人实施有关专利，先用权只能连同先用权人的企业一起转让和继承
在过境的外国工具上使用专利的行为	临时通过中国领陆、领水、领空的外国运输工具，依照其所属国同中国签订的协议或者共同参加的国际条约，或者依照互惠原则，为运输工具自身需要而在其装置和设备中使用有关专利的，不视为专利侵权行为
专为科学研究和实验而使用专利的行为	专为科学研究和实验而使用有关专利的不视为专利侵权行为
例外行为	为提供行政审批所需要的信息，制造、使用、进口专利药品或者专利医疗器械的，以及专门为其制造、进口专利药品或者专利医疗器械的。专利医疗器械不仅包括医疗器械本身，也包括针对该医疗器械使用的方法和该医疗器械专用零部件

知识点八　强制许可

■ **大纲要求：理解** ＊＊

1. 强制许可的理由

1）防止专利权滥用的强制许可。有下列情形之一的，国家知识产权局根据具备实施条件的单位或者个人的申请，可以给予实施发明专利或者实用新型专利的强制许可。一是专利权人自专利权被授予之日起满 3 年，且自提出专利申请之日起满 4 年，无正当理由未实施或者未充分实施其专利的；二是专利权人行使专利权的行为被依法认定为垄断行为，为消除或者减少该行为对竞争产生的不利影响的。

2）国家出现紧急状态、非常时期，或者根据公共利益的需要授予强制许可。《专利法》第 49 条规定，在国家出现紧急状态或者非常情况时，或者为了公共利益的目的，国家知识产权局可以给予实施发明专利或者实用新型专利的强制许可。

3）为公共健康目的的强制许可。为了公共健康目的，对取得专利权的药品，国家知识产权局可以给予制造并将其出口到符合中华人民共和国参加的有关国际条约规定的国家或者地区的强制许可。

4）从属专利需要的强制许可和交叉强制许可。一项取得专利权的发明或者实用新型比之前已经取得专利权的发明或者实用新型具有显著经济意义的重大技术进步，其实施又有赖于前一发明或者实用新型的实施的，国家知识产权局根据后一专利权人的申请，可以给予实施前一发明或者实用新型的强制许可。在依照前款规定给予实施强制许可的情形下，国家知识产权局根据前一专利权人的申请，也可以给予实施后一发明或者实用新型的强制许可。

2. 强制许可实施的限制性条件

强制许可的对象，只能是发明专利和实用新型专利，不包括外观设计专利。

强制许可的地域，除因公共健康而引发的在国内制造并且出口其他 WTO 国家等的强制许可和因已被行政程序或者司法程序认定为垄断行为引发的强制许可，这两者可根据需要不限制进入国外市场外，其他强制许可的专利实施地域应当主要为国内市场。

因为"未实施专利"，或者因为"未充分实施专利"，或者因为"依存专利"而引发的强制许可及交叉强制许可申请，申请者应当举证证明其在合理的时间内，以合理的条件未能获得专利权人的许可。

3. 强制许可使用费的支付

取得实施强制许可的单位或者个人应当付给专利权人合理的使用费，或者依照中华人民共和国参加的有关国际条约的规定处理使用费问题。使用费数额由双方协商，双方不能达成协议的，由国家知识产权局裁决。

4. 强制许可的终止

强制许可决定应当根据强制许可的理由，规定实施的范围和时间。强制许可的理由消除并不再发生时，国家知识产权局应当根据专利权人的请求，经审查后作出终止实施强制许可的决定。

5. 强制许可的纠纷处理

专利权人对国家知识产权局关于实施强制许可的决定不服的，以及专利权人和取得实施强制许可的单位或者个人对国家知识产权局关于实施强制许可的使用费的裁决不服的，可以自收到通知之日起 3 个月内向人民法院起诉。

知识点九　指定许可

■ 大纲要求：理解＊＊

国有企业事业单位的发明专利，对国家利益或者公共利益具有重大意义的，国务院有关主管部门和省、自治区、直辖市人民政府报经国务院批准，可以决定在批准的范围内推广应用，允许指定的单位实施，由实施单位按照国家规定向专利权人支付使用费。

知识点十　专利保护期限

■ 大纲要求：熟悉＊＊＊

发明专利权的期限为 20 年，实用新型专利权和外观设计专利权的期限为 10 年，均自申请日起计算。专利权效力自专利权被授予后才能产生，因此专利申请日期与专利权生效日期不一致。

知识点十一　专利权中止

■ 大纲要求：熟悉＊＊＊

1. 适用范围

在专利申请权、专利权的归属发生争议时，为防止专利申请权或者专利权受到损害，当事人可以向专利行政管理部门提出中止有关程序。

2．中止程序

由纠纷当事人提出书面请求，明确要求中止哪一项专利申请或专利的程序，并且应当附管理专利工作的部门或者人民法院受理该权利纠纷的受理通知书或其他证明文件。经国家知识产权局审查同意中止的，将通知双方当事人，执行中止程序。

3．具体措施

1）停止办理撤回专利申请、放弃专利权、转让申请权或者专利权、变更申请人或者专利权人等直接涉及权利丧失或转移的手续。

2）停止发出视为撤回、专利权终止、授予专利权和视为放弃取得专利权的权利等与执行调处结论或判决直接有关的通知或者决定。

3）停止授予专利权、颁发专利证书和授权公告程序。

4）在必要时停止审查、复审、撤销或无效程序。

4．后续程序

权利纠纷结束后，国家知识产权局根据管理专利工作的部门或者人民法院生效的决定或判决撤销中止程序，继续原程序。申请人或者专利权人有变更的，应当在3个月内办理著录项目变更手续，期满当事人未办理变更手续的，视为放弃取得专利申请权或者专利权。

知识点十二　专利权终止

■ **大纲要求：熟悉 ＊ ＊ ＊**

专利权的终止是指专利权保护期限已满或由于某种原因专利权失效。导致专利权失效的原因有：

1）未按照规定缴纳年费。专利权人在专利年费滞纳期满后仍未缴纳或者缴足本年度年费和滞纳金的，自滞纳期满之日起2个月内，最早不早于1个月，国家知识产权局作出专利终止通知。专利权人未启动恢复程序或恢复未被批准的，应在终止通知书发出4个月后，再在专利登记簿和专利公报上分别予以登记和公告。专利终止日应为上一年度期满日。

2）专利权人以书面声明放弃专利权。主动放弃专利权的，应当使用国家知识产权局统一制定的表格，提出书面声明。符合规定的放弃专利权声明被批准后，国家知识产权局将有关事项在专利登记簿上和专利公报上分别予以登记和公告。该声明自登记、公告后生效。

3）专利权期满，专利权即行终止。专利权期限届满依法终止的，国家知识产权局应当通知专利权人，并在专利登记簿和专利公报上分别予以登记和公告。

知识点十三　侵犯专利权的主体

■ **大纲要求：熟悉** ＊＊＊

侵权行为的主体是指实施侵权行为的人，包括自然人和法人。

侵犯专利权的行为人的行为满足三个要件：一是实施行为所涉及的是一项有效的中国专利；二是实施行为必须是未经专利权人许可或者授权的；三是实施行为必须是以生产经营为目的。行为人是否具有主观故意不是形式要件，但可以作为衡量其情节轻重的依据。

实践中，侵权行为的主体并不一定是侵权责任的主体，比如，未成年人的父母可能会因未成年人的侵犯专利权行为而承担责任，用人单位可能因其职员为了职务之便的专利侵权行为而承担责任。此外，专利侵权判定一般遵循"仅有当单一主体未经许可以生产经营为目的完整实施了专利方案的全部技术特征时该主体成立专利侵权"。

知识点十四　侵犯专利权的客体

■ **大纲要求：熟悉** ＊＊＊

专利法保护的对象，是指依法应授予专利权的发明创造。侵犯专利权的客体具体包括发明、实用新型、外观设计专利权三种类型。需要注意的是，如果一项专利权由于某些原因被宣告无效，则该专利权将被视为自始不存在，因此即使有他人在前已经实施也不构成专利侵权。

知识点十五　侵犯专利权的实质表现

■ **大纲要求：熟悉** ＊＊＊

侵犯专利权的客观表现是指行为人违反《专利法》的规定，以不正当手段侵犯他人专利权的行为。"以生产经营目的"是侵犯专利权的客观表现的一个比较重要的前提。

判断某一行为是否构成对专利权的侵犯，关键是要界定专利权本身以及不正当手段，并排除合法行为。

合法行为包括：（先用权）在专利申请日前已经制造相同产品、使用相同方法或者已经作好制造、使用的必要准备，并且仅在原有范围内继续制造、使用的，不视为侵犯专利权；（合法来源）为生产经营目的使用、许诺销售或者销售不知道是未经专利权人许可而制造并售出的专利侵权产品，能证明该产品合法来源的，不承担赔偿责任。此条仅限于销售和使用的行为。

知识点十六　构成侵犯专利权的实质要件

■ 大纲要求：熟悉＊＊＊

实质要件即技术条件，实质实施行为是否属于专利的保护范围。主要有以下几种形式：一是行为人所涉及的技术特征与专利的技术特征全部相同；二是行为人所涉及的技术特征多于专利的技术特征，也构成侵权；三是行为人所涉及的技术特征与专利的技术特征有相同的，有相异的，但相异的技术特征与专利的技术特征是等效的。

知识点十七　实施他人专利行为

■ 大纲要求：掌握＊＊＊＊

实施他人专利的侵害专利权行为必须满足两个条件：一是未经权利人许可；二是以生产经营为目的。具体形式：一是制造、使用、许诺销售、销售或进口他人发明和实用新型专利产品的行为；二是使用他人发明专利方法以及使用、许诺销售、销售或进口依照该方法直接获得的产品的行为；三是制造、销售或进口他人外观设计专利产品的行为。

知识点十八　假冒他人专利的行为

■ 大纲要求：掌握＊＊＊＊

假冒专利的行为包括：①在未被授予专利权的产品或者其包装上标注专利标识，专利权被宣告无效后或者终止后继续在产品或者其包装上标注专利标识，或者未经许可在产品或者产品包装上标注他人的专利号；②销售前项所述产品；③在产品说明书等材料中将未被授予专利权的技术或者设计称为专利技术或者专利设计，将专利申请称为专利，或者未经许可使用他人的专利号，使公众将所涉及的技术或者设计误认为是专利技术或者专利设计；④伪造或变造专利证书、专利文件或者专利申请文件；⑤其他使公众混淆，将未被授予专利权的技术或者设计误认为是专利技术或者专利设计的行为。

知识点十九 其他侵害专利权的行为

■ **大纲要求：熟悉** ＊＊＊

"反向假冒"，即行为人将合法取得的他人专利产品，标注自己的专利号予以出售，事实上侵害了合法专利权人的标记权。

间接侵权，即行为人本身的行为并不直接构成对专利权的侵害，但实施了诱导、怂恿、教唆、帮助他人侵害专利权的行为。

注意以下两点：①未经专利权人授权或者委托，擅自转让其专利技术的行为，此时受让人若利用了该项专利技术制造了专利产品，那么受让人和转让人构成共同侵权，承担连带责任；②其他诱导、怂恿、教唆、帮助他人侵权的行为，行为人与侵权人构成共同侵权，承担连带责任。

知识点二十 全面覆盖原则

■ **大纲要求：理解** ＊＊

全面覆盖原则是专利侵权判定的首要原则，是指被控侵权的产品或者方法（被控侵权物）的技术特征与专利的权利要求所记载的全部技术特征一一对应并且相同，或被控侵权物的技术特征在包含专利的权利要求所记载的全部技术特征的基础上，还增加了一些其他技术特征，则可认定存在侵权性质的行为。

适用全面覆盖原则有以下 4 种情况：

1）字面侵权，仅从字面上分析比较就可以认定侵权物的技术特征与专利的必要技术特征相同。

2）侵权物的技术特征与专利必要技术特征完全相同，即专利的权利要求书要求保护的全部必要技术特征均被侵权物的技术特征所覆盖。

3）专利独立权利要求中技术特征使用的是上位概念，侵权物中出现的技术特征则是上位概念下的具体概念。

4）侵权物的技术特征数量多于专利的必要技术特征，不仅包含专利权利要求书中的全部必要技术特征，且增加了新的技术特征。

知识点二十一 等同原则

■ **大纲要求：理解** ＊＊

等同原则是指被控侵权物的技术特征虽与专利的权利要求所记载的全部必要技术特征有所不同，但若该不同是非实质性的，前者是与后者采用基本相同的手段，实现基本相同的功能，达到基本相同的效果，且为本领域的普通技术人员无须经过创造性劳动就能够联想到的特征，即等同特征，则仍可认定存在侵权性质的行为。

确立等同原则的目的是防止侵权人采用显然等同的要件或步骤，取代专利权利要求中的技术特征，从而避免在字面上直接与专利权利要求中记载的技术特征相同，以达到逃避侵权责任的目的。

等同原则的适用既要保护专利权人的利益，也不能忽视公众的利益，并逐渐在司法实践中通过一些限制性的办法来矫正和避免因适用等同原则而对专利权扩大可能造成的新的不平衡。

知识点二十二 禁止反悔原则

■ **大纲要求：理解** ＊＊

广义的禁止反悔原则是指技术方案自公开之日起，无论在权利成立过程中还是权利成立后的权利维持、侵权诉讼中，都不允许对其内容作前后矛盾的差别解释。

狭义的禁止反悔原则是指在专利审批、撤销或无效程序中，专利权人为确定其专利具备新颖性和创造性，通过书面声明或者修改专利文件的方式，对专利权利要求的保护范围作了限制承诺或者部分地放弃了保护，并因此获得了专利权。而在专利侵权诉讼中，人民法院适用等同原则确定专利权的保护范围时，应当禁止专利权人将已被限制、排除或者已经放弃的内容重新纳入专利权保护范围。

知识点二十三 自由公知技术抗辩原则

■ **大纲要求：理解** ＊＊

在专利侵权纠纷中，被控侵权人有证据证明其实施的技术或者设计属于现有技术或者现有设计的，不构成侵犯专利权。

公知技术又称已有技术、现有技术，是指专利申请日前在国内外出版物上公开发表、在国内公开使用或者以其他方式为公众所知的技术。自由公知技术是指已经进入公有领域的公知技术，任何人均可以无偿实施。

在进行专利等同侵权判断时，应当考虑被指控侵权的客体是否落入自由现有技术范畴，当被告有证据证明被指控侵权客体属于原告专利申请日前的自由现有技术时，人民法院应该将被指控侵权的客体与现有技术进行对比分析，如确定指控侵权客体属于现有技术则应判决被告不构成侵权。

知识点二十四 侵犯专利权的救济类型

■ **大纲要求：熟悉** ＊＊＊

我国法律规定的侵犯专利权的救济类型包括以下几种：

1）赔偿损失，即对已造成的损害用金钱来补偿。

2）禁令，也称停止侵权，即判令行为人停止正在实施或者即将实施的侵犯专利权的行为，包括临时禁令和永久禁令。

3）没收违法所得，即行政机关依法剥夺违法行为人的非法所得，该救济类型仅适用于假冒专利的违法行为。

4）罚款，即行政机关依法强制违法行为人缴纳一定数量的金钱，该救济类型仅适用于假冒专利的违法行为。

5）罚金，即司法机关依法判令犯罪行为人缴纳一定数量的金钱，该救济类型仅适用于假冒专利构成犯罪的行为。

6）拘役，即短期剥夺犯罪行为人的人身自由，就近拘禁并强制劳动，该救济类型仅适用于假冒专利构成犯罪的行为。

7）有期徒刑，即一定期限内剥夺犯罪行为人的人身自由并监禁于一定场所，该救济类型仅适用于假冒专利构成犯罪的行为。

上述救济类型中，赔偿损失和停止侵权/禁令是最普遍的救济类型，其他救济类型仅适用于侵犯专利权的某些特定行为。

知识点二十五 侵犯专利权的救济途径

■ **大纲要求：熟悉** ＊＊＊

途径	规定
司法途径	专利权人通过向人民法院起诉的方式维护其合法权益
行政途径	专利权人通过请求政府行政部门处理的方式维护其合法权益
其他途径	自行协商、仲裁，以及司法、行政机关外的调解

知识点二十六 专利侵权、假冒的责任

■ **大纲要求：掌握** ＊＊＊＊

类型	规定
民事责任	侵犯专利权的民事责任显然属于侵权责任
行政责任	责任形式是行政处罚，只适用于假冒专利行为
刑事责任	适用于侵犯专利权的犯罪行为，根据我国现行法律规定，只有假冒专利罪

知识点二十七 民事责任

■ **大纲要求：掌握** ＊＊＊＊

1. 责任依据

《专利法》第65条规定，侵犯专利权的赔偿数额按照权利人因被侵权所受到的实际损失确定；实际损失难以确定的，可以按照侵权人因侵权所获得的利益确定。权利人的损失或者侵权人获得的利益难以确定的，参照该专利许可使用费的倍数合理确定。赔偿数额还应当包括权利人为制止侵权行为所支付的合理开支。权利人的损失、侵权人获得的利益和专利许可使用费均难以确定的，人民法院可以根据专利权的类型、侵权行为的性质和情节等因素，确定给予1万元以上100万元以下的赔偿。

《专利法》第68条规定，侵犯专利权的诉讼时效为2年，自专利权人或者利害关系人得知或者应当得知侵权行为之日起计算。

2. 责任方式

禁令包括临时禁令和永久禁令。临时禁令是指在诉讼前或诉讼过程中，人民法院

应权利人的请求而作出的关于停止侵权的禁令；永久禁令是指有关侵权的判决或决定中作出的停止侵权的禁令。

临时禁令的适用条件：首先，申请人提出申请时应当提供担保，否则申请将被驳回；其次，申请人自临时禁令发布之日起 15 日内不起诉的，人民法院即解除该措施；临时禁令申请有错误的，申请人应当赔偿被申请人因停止有关行为所遭受的损失。人民法院应当自接受临时禁令申请之时起 48 小时内作出裁定是否批准；有特殊情况需要延长的，可以延长 48 小时。

四种计算损害赔偿金额的方法，按照优先适用顺序分别为：权利人实际损失、侵权人获利、许可费合理倍数以及法定赔偿。现实当中，权利人的实际损失、侵权人的获利和专利许可使用费均难以确定的情况颇为常见，因此我国专利侵权诉讼判决适用法定赔偿的比例非常高。

知识点二十八　假冒专利的行政责任

■ **大纲要求：掌握** ＊ ＊ ＊ ＊

假冒专利尚未构成犯罪的，除依法承担民事责任外，还需要承担行政责任。

1. 责任依据

《专利法》第 63 条规定，假冒专利的，除依法承担民事责任外，由管理专利工作的部门责令改正并予以公告，没收违法所得，可以并处违法所得 4 倍以下的罚款；没有违法所得的，可以处 20 万元以下的罚款。

《专利法实施细则》第 84 条第 3 款规定，销售不知道是假冒专利的产品，并且能够证明该产品合法来源的，由管理专利工作的部门责令停止销售，但免除罚款的处罚。

2. 责任方式

假冒专利由省、自治区、直辖市人民政府以及设区的市人民政府设立的管理专利工作的部门负责查处。假冒专利的行政责任方式是没收违法所得和罚款这两种行政处罚。

1）没收违法所得。管理专利工作的部门认定假冒专利成立时，将没收行为人的违法所得。销售假冒专利产品的，以产品销售价格乘以所销售产品的数量作为其违法所得；订立假冒专利合同的，以收取的费用作为其违法所得。需注意的是，这里的违法所得即收入，不扣除行为人直接用于经营活动的合理成本支出。

2）罚款。罚款可以单独适用，也可以与没收违法所得并行适用。根据现行《专利法》的规定，管理专利工作的部门认定假冒专利成立时，可以处以违法所得 4 倍以下的罚款；没有违法所得的，可以处 20 万元以下的罚款。销售不知道是假冒专利的产品，并且能够证明该产品合法来源的，应当停止销售，但免除罚款的处罚。

知识点二十九 假冒专利的刑事责任

■ **大纲要求：掌握 * * * ***

假冒他人专利且情节严重的，构成假冒专利罪，需要承担刑事责任。情节严重是构成假冒专利罪的必备要件，只有假冒他人专利才可能构成假冒专利罪，假冒专利的其他违法行为即便情节严重也不能认定为假冒专利罪。

1. 责任依据

《专利法》第 63 条规定，假冒专利构成犯罪的，依法追究刑事责任。

《刑法》第 216 条规定，假冒他人专利，情节严重的，处 3 年以下有期徒刑或者拘役，并处或者单处罚金。

《关于办理侵犯知识产权刑事案件具体应用法律若干问题的解释》第 4 条规定，假冒他人专利，具有下列情形之一的，属于《刑法》第 216 条规定的"情节严重"，应当以假冒专利罪判处 3 年以下有期徒刑或者拘役，并处或者单处罚金：

1）非法经营数额在 20 万元以上或者违法所得数额在 10 万元以上的。

2）给专利权人造成直接经济损失 50 万元以上的。

3）假冒两项以上他人专利，非法经营数额在 10 万元以上或者违法所得数额在 5 万元以上的。

4）其他情节严重的情形。

2. 责任方式

假冒专利罪的刑事责任方式包括罚金、拘役和有期徒刑。

1）罚金是既可以附加于主刑适用又可以独立适用的附加刑。对于犯假冒专利罪的，人民法院将综合考虑犯罪的违法所得、非法经营数额、给权利人造成的损失、社会危害性等情节，依法判处罚金。罚金数额一般在违法所得的 1 倍以上 5 倍以下，或者按照非法经营数额的 50% 以上 1 倍以下确定。

2）拘役是司法机关依法判令短期剥夺犯罪行为人的人身自由，就近拘禁并强制劳动的刑罚方法。拘役的期限为 1 个月以上 6 个月以下，数罪并罚时最高不能超过 1 年。

3）有期徒刑是司法机关依法判令一定期限内剥夺犯罪行为人的人身自由，并监禁于一定场所的刑罚方法。假冒专利罪的，人民法院将综合考虑犯罪手段恶劣程度、给权利人造成的损失大小、社会危害性及影响等情节，依法酌情判处合理期限的有期徒刑，最长不超过 3 年。

知识点三十　常见专利纠纷的类型

■ **大纲要求：掌握** ＊＊＊＊

专利纠纷，是所有与专利有关的争议的统称。比较常见的专利纠纷包括专利权属纠纷、专利侵权纠纷、专利合同纠纷和专利行政纠纷等主要类别。

知识点三十一　自行协商解决纠纷

■ **大纲要求：熟悉** ＊＊＊

自行协商，是指专利纠纷发生之后，纠纷当事人在自愿互谅的基础上，按照国家有关法律、政策或合同约定等，友好协商达成和解协议，自行解决纠纷的一种方式。

自行协商的优点是成本低、便于保密，缺点是随意性较大、约束力不强。自行协商不适用于专利行政纠纷。

知识点三十二　行政途径解决纠纷

■ **大纲要求：熟悉** ＊＊＊

行政途径，是指专利纠纷发生之后，纠纷当事人寻求专利行政机关公权力的介入，以维护自身合法权益，解决纠纷的一种方式。解决专利纠纷的行政途径包括申请专利行政执法和专利行政复议。

专利行政执法，是指管理专利工作的部门依照行政执法程序及有关专利法律法规的规定，对具体事件进行处理并直接影响相对人权利与义务的具体行政行为。申请专利行政执法适用于解决专利侵权纠纷、专利侵权赔偿额纠纷、假冒他人专利纠纷、专利权属纠纷、专利发明人资格纠纷、发明人奖酬纠纷和发明专利临时保护期使用费纠纷等。

专利行政复议，是指行政相对人不服管理专利工作的部门在专利执法过程中作出的具体行政行为，认为该行为侵犯其合法权益，依法向特定的行政机关提出申请，由受理该复议申请的机关依法对原具体行政行为的合法性和适当性进行审理，并最终作出行政复议决定的行政行为。申请专利行政复议只适用于解决特定范围的专利行政纠纷。

知识点三十三　司法途径解决纠纷

■ **大纲要求：熟悉** ＊＊＊

司法途径，是专利权人通过向人民法院起诉的方式维护其合法权益，解决纠纷的最主要途径之一。解决专利民事纠纷，当事人需要依据《民事诉讼法》提起民事诉讼；解决专利行政纠纷，当事人需要依据《行政诉讼法》提起行政诉讼；追究假冒专利罪的刑事责任，则适用《刑事诉讼法》启动刑事诉讼程序。

专利诉讼实行两审终审制。为统一专利等知识产权案件裁判尺度、加快创新驱动发展战略实施，国家设立了最高人民法院知识产权法庭。自 2019 年 1 月 1 日起，全国专利等技术类知识产权民事、行政案件直接向最高人民法院上诉，统一由最高人民法院知识产权法庭审理。

司法途径适用于解决所有类型的专利纠纷，具有权威性、公正性等优点，但也有成本高、周期长、举证难等缺点和难点。

知识点三十四　仲裁途径解决纠纷

■ **大纲要求：熟悉** ＊＊＊

仲裁特指发生纠纷的当事人在自愿基础上达成协议，将纠纷提交第三方仲裁机构审理，由其作出对双方均有约束力的裁决以解决纠纷的一种非诉讼方式。选择仲裁途径解决纠纷，需要以当事人之间签署仲裁协议为前提。仲裁协议有两种形式：一种是在纠纷发生之前订立的，通常以合同中的仲裁条款出现；另一种是在纠纷发生之后订立的，以便把已经发生的纠纷提交仲裁。

仲裁途径较多地适用于专利合同纠纷，也有专利侵权纠纷选择仲裁途径，但不适用于专利行政纠纷。选择仲裁途径解决纠纷，具有成本低、效率高、灵活性强等优点。仲裁程序一般在成立仲裁庭后 9 个月内就能结案，简易程序可以在 3 个月内结案，而且仲裁实行一裁终局。

第四章

专利运用

一、基本内容框架

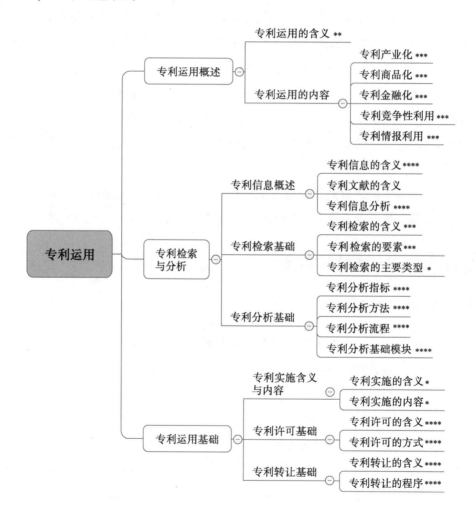

二、主要知识点

（一）掌握＊＊＊＊

1. 专利信息的含义

2. 专利信息分析的含义

3. 专利分析指标

4. 专利分析方法

5. 专利分析流程

6. 专利分析基础模块

7. 专利许可的含义

8. 专利许可的方式

9. 专利转让的含义

10. 专利转让的程序

（二）熟悉＊＊＊

11. 专利产业化

12. 专利商品化

13. 专利金融化

14. 专利竞争性利用

15. 专利情报利用

16. 专利检索的含义

17. 专利检索的要素

（三）理解＊＊

18. 专利运用的含义

（四）了解＊

19. 专利检索的主要类型

20. 专利实施的含义

21. 专利实施的内容

三、知识点解析

知识点一　**专利运用的含义**

■ **大纲要求：理解** ＊＊

含义	行为主体获取直接或间接收益的各类专利活动的总称
五个要点	行为主体：市场主体、创新主体和社会公众
	行为对象：对专利或专利情报的利用
	专利：专利申请、专利权或专利制度
	专利情报：基于专利大数据提炼出的支撑各类决策的信息
	收益方式：直接或间接收益
两种分类	狭义：行为主体实现直接收益的专利活动
	广义：行为主体实现直接收益和间接收益的专利活动

知识点二　**专利产业化**

■ **大纲要求：熟悉** ＊＊＊

专利产业化是指将专利技术方案应用于产业实际，转化为现实形态生产力的行为。专利产业化既包括专利的自实施，也包括许可、交易、转让后的他人实施。无论哪种方式都属于直接收益。

知识点三　**专利商品化**

■ **大纲要求：熟悉** ＊＊＊

专利商品化是指将专利申请、专利权等作为可以买卖流通或交换的标的在市场上进行交易的行为。其表现形式包括专利许可、专利交易、专利转让等。无论哪种方式都属于直接收益。

知识点四　**专利金融化**

■ **大纲要求：熟悉** ＊＊＊

专利金融化是指利用各类金融工具将专利申请、专利权等作为投融资标的在金融市场上进行投资、融资和避险的行为。其表现形式包括专利质押融资、专利保险、专利股权化、专利证券化等。无论哪种方式都属于间接收益。

知识点五　专利竞争性利用

■ **大纲要求：熟悉** ＊ ＊ ＊

专利竞争性利用是行为主体为弥补市场竞争劣势、强化市场优势、扩大市场份额、提升市场竞争地位等所开展的专利活动。其表现形式包括专利布局、专利诉讼、专利无效、专利联盟、专利标准化等。无论哪种方式都属于间接收益。

知识点六　专利情报利用

■ **大纲要求：熟悉** ＊ ＊ ＊

专利情报利用是指基于专利大数据信息的采集、加工、整理、分析和归纳，为行为主体提供针对性解决方案和情报支撑的行为。其表现形式包括专利导航、评议、预警等方式。无论哪种方式都属于间接收益。

知识点七　专利信息的含义

■ **大纲要求：掌握** ＊ ＊ ＊ ＊

类型	含义	要点
狭义	从专利机构出版文件中获得的相关信息	信息来源：专利机构所出版的文件
		信息类型：技术信息、经济信息、法律信息和其他有关权利人的任何信息
广义	专利文献本身、专利申请过程所产生的信息以及潜在信息	专利文献本身记载的信息
		一件专利从递交开始，围绕其专利申请、审查和审批过程所产生的任何信息
		没有在专利文献中直接展现，但却通过分析挖掘识别的信息

知识点八　专利文献的含义

专利文献是指根据世界各国《专利法》规定的格式要求和内容要求撰写，专门记载用于申请专利的具体技术方案的文献。

知识点九 **专利信息分析**

■ **大纲要求：掌握** ＊＊＊＊

专利分析能够为专利运用提供准确性和针对性的情报支撑，是专利产业化、商品化、金融化过程中的重要环节，也是专利竞争性利用和专利情报利用中不可或缺的环节。

含义	通过科学的方法对从专利文献中采集的专利信息进行加工、整理、分析和归纳，最终形成专利情报和谋略的一类科学劳动的集合
五个要点	研究对象：专利文献中采集的专利信息
	信息类型：产业、技术、专利、人才、市场信息
	方法：对各种专利信息进行定向选择和科学抽象分析
	本质：情报信息工作和科技工作结合
	目标：形成专利情报和谋略

知识点十 **专利检索的含义**

■ **大纲要求：熟悉** ＊＊＊

含义	专利检索是指从海量专利信息源中迅速而准确地找出符合特定需要的专利信息或文献线索的方法和过程
四个要求	"全"：没有遗漏
	"准"：有针对性
	"快"：用时短
	"灵"：灵活使用各类检索要素和检索策略
效果评价	查全率：常用来衡量检索系统与检索者检出相关信息的能力
	查准率：常用来衡量检索系统和检索者拒绝非相关信息的能力

专利检索的要素

■ **大纲要求：熟悉 ＊ ＊ ＊**

含义		从技术方案中提炼出来的可被检索的技术或情报特征
六种类型	关键词：能够代表专利文献的技术内容或特征	关键词常出现在发明名称或摘要中，需要从关键词的形式、意义和角度等方面准确、完整地实现关键词的表达
	分类号：专利文献分类工具中的号码	常用的分类号有国际专利分类（IPC）、欧洲专利分类（ECLA）、联合专利分类（CPC）、日本专利分类（FI/FT）等
	人名：某个单位或自然人的名称	常用的人名要素包括发明人、设计人、专利申请人、专利权人和专利受让人等
	号码：申请号、优先权号、公开号和公告号等专利号码	我国一般用 12 位阿拉伯数字表示，包括申请年号、申请种类号和申请流水号三部分
	日期：与专利文献相关的日期	常用来检索的日期类型有申请日、优先权日、公开日和公告日
	国别地区：专利申请受理区域	常用国别地区信息有国家和省市级。国家层面常用两位字母的国别代码来标识

专利检索的主要类型

■ **大纲要求：了解 ＊**

专利检索的类型因检索目的不同而不同，主要分为以下五种类型。

类型	含义和目的
现有技术检索	通过找出与发明专利申请的主题密切相关或者相关的现有技术文件，为了解研发或在研项目涉及的技术现状和最新进展、判断拟申请专利的新颖性或创造性提供事实依据
专利查新检索	对专利的新颖性进行检索，其目的在于评估检索对象是否是新技术、是否未被公开或被申请专利
专利无效检索	通过检索找出一件或几件破坏某一件已经授权专利的新颖性或创造性的对比文献，从而使其权利无效的过程
竞争对手检索	通过检索找出与行为主体的技术或产品方案相同、相似或类似的专利，进而分析、跟踪这些专利申请人或权利人或受让人的技术研发方向、专利布局动向信息、技术人才团队、研发合作网络等信息，在专利层面做到知彼知己
专利侵权检索	为避免产品与已有专利之间产生侵权纠纷而主动对该产品进行的专利检索，其检索对象是产品本身，而检索目标是产品可能侵权的他人拥有的授权有效专利

知识点十三　专利分析指标

■ **大纲要求：掌握** ＊＊＊＊

专利分析指标是指在专利文献中提取有用信息组，经过加工整理，这些信息组可以作为科技活动分析的"尺度"。专利分析指标涵盖了从简单的专利计数到较复杂的指标，这些指标揭示了技术与科学、技术与研发、技术与经济活动相关联的程度。

实践中，人们根据分析目的不同以及研究的技术领域不同，设立不同的专利评价指标体系。

类型	指标内涵和常用指标
专利数量指标	专利权人的专利数量统计、专利申请优先权国别统计、特定技术领域专利数量统计、特定技术领域专利权人专利数量统计、发明人专利数量统计等
关联度指标	用来揭示专利文献之间或专利文献与科技文献之间的相互联系的指标。关联度指标有多种形式，常用的有技术关联度指标、技术实力指标、科学实力指标、科学关联度指标和当前影响力指标等
创新活动指标	创新活动发展状况、所处阶段、研发效率等进行量化的指标。创新活动指标有多种形式，常用的有专利增长率指标、技术生命周期指标、专利效率指标和创新模式指标等
强势技术指标	用来测算专利权人在专利活动中强势技术领域的分布情况。常被应用在竞争对手之间的比较研究当中。常用的有"专业活动指标"（或称为"活动指数""技术优势"）、相对频率指标、技术竞争指标、总技术竞争指标、相对技术优势指标等
企业专利质量指标	用来比较不同企业的专利质量水平的指标。常用的有申请专利的批准比率、提请专利的国际范围、提请专利的技术范围、提请专利的引用频率、提请专利平均专利质量、提请专利的专利效能、技术地位、技术差距等
专利实施率指标	用来测算专利实施情况的指标。常通过专利技术的各项性能、预期的经济效益、社会效益、影响专利实施的市场因素、产业已有的开发和生产能力、国内外宏观环境以及产业化风险等因素来测算

知识点十四　专利分析方法

■ **大纲要求：掌握** ＊＊＊＊

常用的专利分析方法包括专利定量分析、专利定性分析和专利引文分析等。

类型	含义
专利定量分析	通过量以及量的变化来反映事物之间相互关系的分析方法。建立在数学、统计、运筹学、计量学和计算机等学科的基础之上，通过数学模型和图表等方式，从不同角度研究专利信息中所记载的技术、法律和经济等信息
专利定性分析	通过对专利文献的内在特征，即对专利技术内容进行归纳、演绎、分析、综合，以及抽象与概括等，以达到把握某一技术发展状况的目的的分析方法
专利引文分析	利用各种数学和统计学的方法以及比较、归纳、抽象、概括等逻辑方法，对专利文献的引用或被引用现象进行分析，以揭示专利文献之间、专利文献与科学论文之间相互关联的数量特征和内在规律的一种文献计量研究方法

1. 专利定量分析

应用在专利信息分析中的定量分析方法主要有专利技术生命周期法、统计频次排序法和时间序列法等。

方法	含义	解释
专利技术生命周期法	通过分析专利技术所处的发展阶段，推测未来技术发展方向	研究对象是某件专利文献所代表技术的生命周期或某一技术领域整体技术生命周期
		专利技术在理论上遵循技术引入期、技术发展期、技术成熟期和技术淘汰期四个阶段的周期性变化
		实践中常通过计算技术生长率（V）、技术成熟系数（α）、技术衰老系数（β）和技术特征系数（N）的值或 TCT（Technology Cycle Time，简称 TCT）指数测算专利技术生命周期
统计频次排序法	利用频次—排序分布模型来探讨不同计量元素频度值随其排序位次而变化的规律	进行统计和频次排序的对象：专利分类号、专利申请人、专利发明人、专利申请人所在国家或专利申请的国别、专利申请或授权的地区分布、专利种类比率、专利引文等特征数据
时间序列法	在均匀时间间隔中对研究对象的同一变量进行统计分析的方法	目的：通过对历史数据变化规律的分析，掌握这些统计数据依时间变化的规律，揭示事物发展的轨迹，并对事物的未来发展状况进行预测
		使用条件：有足够的历史统计数据，构成一个合理长度的时间序列
		常用变量：可以是专利分类、申请人、专利被引用次数和申请人所在的国家等

2. 专利定性分析

专利信息的定性分析，着重于对技术内容的分析，是一种基础的分析方法，在专利信息分析中具有重要的作用和不可替代的地位。

方法	含义	解释
专利技术的定性描述	从多个视角进行分群描述，形成各种图表来辨别专利分布态势	常见类型：专利技术功效矩阵、技术角度分析法和技术发展图等。其中，专利技术功效矩阵分析是指通过对专利文献反映的主题技术内容和技术方案的主要技术功能之间的特征研究，揭示它们之间的相互关系
专利文献对比研究	将目标专利或专利申请所要求保护的技术方案与对比文献进行比较分析的方法	目的：常用于判断目标专利或专利申请的专利性（新颖性和创造性）以及侵权与否

3. 专利引文分析

专利的引证信息可以识别孤立的专利（这些专利很少被其他专利所引用）和活跃的专利。在相同技术领域中，专利被引用次数越多，表明后发明者对其所依据的思想越多，这使得它们更有价值，也反映出该专利技术的重要程度。

专利引文分析方法被广泛应用于预测竞争者的主要新产品、寻找技术空白点、挖掘技术开发人员、评价开发新技术和信息产品平台的成本和收益、为企业提供战略定位等服务。

从专利信息分析的角度来讲，引证分析方法有多种，包括利用前向和后向专利引证构建引用清单、平行专利研究、专利被引用数排序研究、专利引证与专利权人关系研究、专利引证率分析、引用时差分析等。

知识点十五　**专利分析流程**

■ **大纲要求：掌握＊＊＊＊**

从流程上看，专利分析一般包括前期准备、数据采集、专利分析、报告撰写四个步骤。

流程	要点
前期准备	目标：确定分析目标、研究技术背景、制订项目计划、选择数据源和软件工具
数据采集	目标：制定检索策略、专利检索、检索策略评审和数据加工
	步骤：形成初步检索策略—初步检索—采集样本数据—验证调整检索策略—确定最终检索策略—完成数据采集
专利分析	目标：用专利分析软件对最终专利分析样本数据库进行专利分析
	步骤：确定专利分析指标—进行统计分析—深度分析
报告撰写	分析报告的主要内容一般包括引言、概要、主要分析内容、主要结论、应对措施、建议等内容

知识点十六　专利分析基础模块

■ 大纲要求：掌握＊＊＊＊

专利分析基础模块主要包括：一个或多个技术领域的技术主题；某领域的专利权人、专利申请人或共同申请人、国家或地区的专利活动以及随时间变化的专利数量等相关专利活动。

模块名称	内涵和要点
技术发展趋势分析	在所采集的专利信息分析样本数据库中，利用时序分析方法，分析相关领域专利技术的发展趋势或技术领域中重点技术的发展趋势
	常用分析指标：专利量、专利分类号、技术主题词
专利技术内容分析	目的：揭示发明创造活动最为活跃的技术领域以及技术领域中的重点技术
	常用分析指标：分类号、主题词
专利区域分布分析	目的：了解不同国家或地区对专利技术的拥有量，从而研判国家或地区间的整体技术实力
	常用分析方法：区域专利技术特征分析、本国专利份额分析
	区域专利技术特征分析：目的是研判国家或地区优势技术领域或技术重点，并以此推断不同区域市场竞争的态势。其中技术内容可以用专利涉及的分类号、主题词来表征，也可以利用人工标引主题的方式确定技术内容
	本国专利份额分析：按照被研究的国家或区域内其本国或区域内的专利申请人或权利人所占的专利份额进行统计分析，主要应用在国家之间或区域之间技术创新能力的比较研究当中
主要竞争对手分析	目的：对重点竞争对手的专利活动做深入研究
	常用分析方式：竞争对手专利总量分析、竞争对手研发团队分析、竞争对手专利量增长比率分析、竞争对手技术领域分析、竞争对手专利量时间序列分析、竞争对手专利区域布局分析、共同申请人分析、竞争对手竞争地位评价、竞争对手法律状态分析等
研发团队分析	目的：研究相关技术领域中最具研发能力的发明团队或个人
	常用分析方式：重点专利发明人分析、合作研发团队分析、研发团队规模变化分析和研发团队重点技术变化分析等

知识点十七　专利实施的含义

■ 大纲要求：了解＊

专利实施通常有广义和狭义之分。

1. 狭义专利实施

狭义的专利实施是指制造、使用专利产品以及使用专利方法的行为。

2. 广义专利实施

广义的专利实施是指制造、使用、许诺销售、销售、进口专利产品，或者使用专利方法以及使用、许诺销售、销售、进口依照该专利方法直接获得的产品的行为。

知识点十八　专利实施的内容

■ **大纲要求：了解** *

行为	内容或要点
制造	以生产经营为目的而生产出具有实用功能的产品的行为
	外观专利的制造是指作出或者形成采用外观设计专利的图片或照片所展示的设计方案的产品的行为
	发明和实用新型专利的制造是指作出或者形成具有权利要求所记载的全部技术特征的产品的行为
使用	专利产品和专利方法的使用
	专利产品的使用：以基本相同的手段，实现基本相同的功能，达到基本相同的目的，还包括对于依照专利方法直接获得的产品的使用
	专利方法的使用：就相同或类似的方法为实现专利所称的相同或等同目的和效果的使用
许诺销售	源于《TRIPs 协定》第 28 条
	愿意销售专利产品或依专利方法直接获得的产品的意思表示
	只适用于涉及专利产品或者依照专利方法所直接获得的产品的行为，就专利方法本身而言无所谓许诺销售的问题
销售	买卖当事人之间进行的一种交易行为，即卖方将专利产品或依专利方法直接获得的产品的所有权转移给买方，而买方支付相应费用给卖方
	销售并不区分批发或者零售，与销售的方式和数量无关，只要满足前述定义即构成销售
	侵犯发明或者实用新型专利权的产品作为零部件，销售另一产品的，也属于《专利法》第 11 条规定的销售行为
	侵犯外观设计专利权的产品作为零部件，制造另一产品并销售的也属于《专利法》第 11 条规定的销售行为
	侵犯外观设计专利权的产品在另一产品中仅具有技术功能的不属于销售行为

进口	把权利要求范围之内的产品从一个或多个专利权有效地域输入另一专利权有效地域，并完成相应价金支付的行为
	就专利方法本身而言无所谓进口的问题
	产品既包括专利产品也包括依照专利方法所直接获得的产品

知识点十九　专利许可的含义

■ **大纲要求：掌握** ＊＊＊＊

含义	在专利有效期内，专利权人许可他人在约定的地域、期限和方式的范围内实施其专利技术，并可以向被许可人收取一定使用费的行为
三个要点	行为范围：约定的地域、期限和方式
	行为方式：实施专利技术
	要点：专利所有权并不发生转移，仅转移使用权

知识点二十　专利许可的方式

■ **大纲要求：掌握** ＊＊＊＊

依照许可范围的大小，可以将专利许可分为独占许可、排他许可、普通许可、分许可和交叉许可五类。

1. 独占许可

特点：专利权人既不得另外再向第三方许可实施专利技术，也不得自行实施该专利技术。

应用场景：专利权人往往没有规模化实施相关专利技术的能力或条件。

2. 排他许可

特点：专利权人也可自行实施该专利技术，但不得再另外许可第三方实施该专利技术。

应用场景：专利权人虽然自身具备一定的实施专利技术的能力，但因规模相对较小，并不能充分实施其专利技术。

3. 普通许可

特点：专利权人不仅可以自行实施该专利技术，同时仍有权继续许可第三方实施该专利技术。

应用场景：该专利技术有庞大的市场需求，有大量市场主体需要实施相关专利，专利权人可以采取广泛普通许可的方式充分获得收益。

4. 分许可

特点：实际上是从普通许可中分出来的一种许可类型，允许被许可人在一定的条件下再许可第三人使用该技术。

注意事项：一是在专利使用许可协议中需明确授权被许可人可进行分许可；二是分许可必须是普通许可；三是在分许可中，专利权人许可他人实施的许可属于基本许可或主许可，相对基本许可，分许可处于从属地位。①其有效期不得超过主许可的有效期限；②地域范围不得超过主许可有效地域范围；③使用方式不得超过主许可证所约定的使用方式，超过的行为则构成专利侵权。

5. 交叉许可

特点：协议双方采用相互许可专利使用权的方式来代替相互支付专利使用费。

好处：能够清除相互阻斥地位，避免昂贵的侵权诉讼，将相互性技术组合起来，减少交易成本。

知识点二十一　专利转让的含义

■ **大纲要求：掌握** * * * *

含义	专利权人按照约定将其专利申请权以及专利权移转给受让方的法律行为
两个要点	两种类型：专利申请权转让和专利权转让
	两种形式：合同转让和继承转让

专利申请权转让和专利权转让存在显著区别：

一是合同标的不同，专利申请权转让合同的标的是专利申请权，而专利权转让中订立合同的标的是专利权。

二是专利申请权转让发生在专利授权之前，转让人为专利申请人，而专利权转让发生在专利授权之后，转让人为专利权人。两种转让形式中，对于受让人而言风险最大的显然是专利申请权的转让。

知识点二十二 专利转让的程序

■ **大纲要求：掌握** ＊＊＊＊

无论是专利权还是专利申请权转让，程序均包括明确需要转让的专利和买卖双方、买卖双方进行出售谈判和价格磋商、专利转让合同条款谈判和签订、提交国务院专利行政部门审核备案四步。

流程	要点
明确需要转让的专利和买卖双方	转让方：需高度关注转让专利的技术方案、受让者的身份和类型，需要确定受让方的身份及动机
	受让方：根据自己的需求，如寻求技术突破、弥补技术短板、获得市场准入等选择合适的专利
买卖双方进行出售谈判和价格磋商	程序：通常是由转让方进行报价，受让方进行市场预测，双方经过磋商确定交易价格
	专利出售费用：在谈判专利出售合同及执行合同时的实际花费；转让费支付和税金
专利转让合同条款谈判和签订	目标：专利申请权转让、专利权转让和专利实施许可
	注意点：明确相互权利义务关系的协议
提交国务院专利行政部门审核备案	国务院专利行政部门一般会在 2~6 个月内颁发专利转让合格通知书，并且可以在国务院专利行政部门的数据库中查询到相关的变更结果

办理专利权转让手续前应当先签署专利权转让合同。向国外转让专利申请权和专利权应当办理的手续需要依照《技术进出口管理条例》及有关规章执行。

第五章·
商标基础

一、基本内容框架

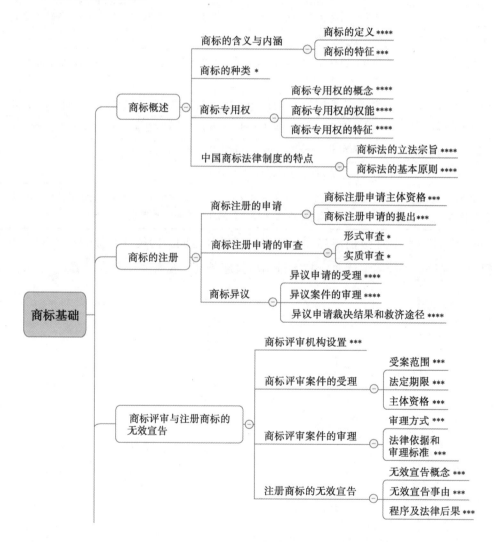

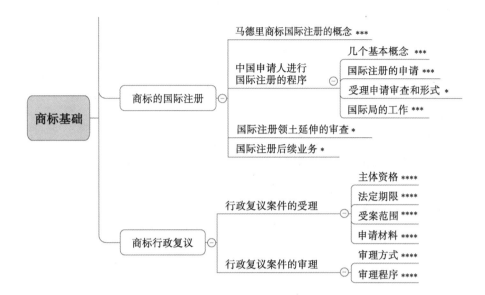

二、主要知识点

（一）掌握＊＊＊＊

1. 商标的定义

2. 中国商标法律制度的特点

3. 注册商标专用权的取得原则

4. 商标异议申请的受理与实质审查

5. 异议决定结果及后续法律救济

6. 商标行政复议的受理和审理

（二）熟悉＊＊＊

7. 商标的特征

8. 商标注册申请主体资格以及注册申请提出要求

9. 商标评审案件的受理与审理、法律程序与后果

10. 无效宣告程序

11. 马德里商标国际注册的基本概念以及申请规定

（三）了解＊

12. 商标的类型

13. 商标注册、行政裁决机构及执法机关

14. 商标注册申请的形式审查、实质审查与审查结果

15. 马德里商标国际注册后续业务的种类和程序

16. 马德里商标国际注册领土延伸的审查

三、知识点解析

知识点一　商标的定义

■ **大纲要求：掌握** ＊＊＊＊

任何能够将自然人、法人或者其他组织的商品（服务）与他人的商品（服务）区别开的标志包括文字、图形、字母、数字、三维标志、颜色组合和声音等，以及上述要素的组合，均可以作为商标申请注册。

知识点二　商标的特征

■ **大纲要求：熟悉** ＊＊＊

商标必须依附于商品或服务而存在；必须具备显著特征，用来区别商品或服务来源；商标是可以为人所感知的符号。

知识点三　商标的类型

■ **大纲要求：了解** ＊

按照商标使用载体划分	商品商标：使用在商品上的商标
	服务商标：使用在提供的服务上的商标
按照商标与使用者的关系及作用不同划分	普通商标：生产经营者在自己的商品或服务上使用的商标
	集体商标：以团体、协会或其他组织名义注册，供该组织成员使用的标志
	证明商标：由对某种商品或服务具有监督能力的组织所控制，而由该组织以外的单位或个人使用，用于证明商品或服务的原产地、原料、制造方法、质量或其他品质的标志
非传统商标	立体商标：由三维标志或含有其他要素的三维标志构成的商标
	听觉商标：又称声音商标
	嗅觉商标：又称气味商标
	触觉商标：又称接触性商标

知识点四　商标专用权的概念

■ **大纲要求：掌握 ＊＊＊＊**

商标专用权是指商标注册人独占性地对该商标享有的权利。注册商标的专用权以核准注册的商标和核定使用的商品（服务）为限。

知识点五　商标专用权的权能

■ **大纲要求：掌握 ＊＊＊＊**

商标专用权的权能包括使用权、禁止权、许可权和转让权。

知识点六　商标专用权的特征

■ **大纲要求：掌握 ＊＊＊＊**

商标专用权有专有性、地域性和期限性（我国商标专用权有效期限为 10 年）的特征。

知识点七　商标法的立法宗旨

■ **大纲要求：掌握 ＊＊＊＊**

为了加强商标管理，保护商标专用权，促使生产、经营者保证商品和服务质量，维护商标信誉，保障消费者和生产、经营者的利益，促进社会主义市场经济的发展。

知识点八　商标法的基本原则

■ **大纲要求：掌握 ＊＊＊＊**

我国商标法律制度遵循自愿注册原则、注册保护原则、申请在先原则和诚实信用原则，具有行政保护与司法保护并举的特点。

知识点九　商标注册申请主体资格

■ **大纲要求：熟悉** ＊＊＊

自然人、法人或者其他组织都可以向国家知识产权局申请商标注册。外国人或外国企业在中国申请商标注册的，应当按其所属国和中华人民共和国签订的协议或者共同参加的国际条约办理，或者按对等原则办理。

知识点十　商标注册申请的提出

■ **大纲要求：熟悉** ＊＊＊

《类似商品和服务区分表》共包括 45 个类别，其中商品为第 1～34 类，服务为第35～45 类。商标注册申请按照"一标多类"原则。申请文件可以以书面方式或者数据电文方式提出。商标注册的申请日期以国家知识产权局收到申请文件的日期为准。

知识点十一　商标注册申请的形式审查

■ **大纲要求：了解** ＊

形式审查是国家知识产权局对商标注册申请的形式要件的合法性进行的审查。形式审查的结果分为受理和不予受理。

知识点十二　商标注册申请的实质审查

■ **大纲要求：了解** ＊

实质审查是国家知识产权局对商标注册申请的实质要件的合法性进行审查的行为，包括禁止条款的审查（或称为绝对理由的审查）和与他人在先商标相同或者近似的审查（或称为相对理由的审查）。

实质审查的结果分为初步审定、全部驳回或部分驳回。对于部分驳回的，申请人可以申请将商标注册申请进行分割。

知识点十三 　异议申请的受理

■ **大纲要求：掌握** ＊＊＊＊

商标异议制度是指当事人在法定期限内，对国家知识产权局初步审定公告的商标提出不同意见，请求国家知识产权局撤销对该商标的初步审定，由国家知识产权局依法作出准予该商标注册或不予注册决定的制度。

异议的法定期限为自初步审定公告之日起 3 个月。异议理由按照被异议商标违反《商标法》的法律条款不同可分为两类：绝对理由和相对理由。绝对理由的异议主体可以是任何单位和个人；相对理由的异议主体为在先权利人和利害关系人。

知识点十四 　异议案件的审理

■ **大纲要求：掌握** ＊＊＊＊

异议案件审理采取合议制，进行书面审理。审理异议案件的主要法律依据有《商标法》《商标法实施条例》《驰名商标认定和保护规定》以及《集体商标、证明商标注册和管理办法》等。

知识点十五 　异议申请裁决结果和救济途径

■ **大纲要求：掌握** ＊＊＊＊

异议成立，被异议人不服的，可以自收到通知之日起 15 日内向国家知识产权局申请不予注册复审。被异议人对复审决定不服的，可以自收到决定之日起 30 日内向人民法院起诉。

异议不成立，国家知识产权局作出准予被异议商标注册决定。商标注册申请人取得商标专用权的时间自初步审定公告 3 个月期满之日起计算。若异议人不服准予注册决定，可以向国家知识产权局提出无效宣告申请。异议人对无效宣告决定不服的，可以自收到决定之日起 30 日内向人民法院起诉。

知识点十六　商标评审机构设置

■ **大纲要求：熟悉** ＊＊＊

商标评审是由法律授权的专门机构依照法定程序解决商标确权纠纷的活动。商标评审工作由国家知识产权局商标局商标评审部负责。

知识点十七　商标评审案件受案范围

■ **大纲要求：熟悉** ＊＊＊

商标评审包括商标驳回复审、不予注册复审、无效宣告、无效宣告复审、注册商标撤销复审。

知识点十八　商标评审案件法定期限

■ **大纲要求：熟悉** ＊＊＊

当事人对国家知识产权局作出的驳回或者部分驳回申请决定、不予注册决定、注册商标无效及撤销决定不服的，可以自收到通知之日起 15 日内申请复审。

在先权利人或者利害关系人因相对理由请求宣告该注册商标无效的，应当自商标注册之日起 5 年内提出申请，对恶意注册的，驰名商标所有人不受 5 年时间的限制。

任何单位或个人依绝对理由请求宣告注册商标无效的没有时间限制。

知识点十九　商标评审案件的主体资格

■ **大纲要求：熟悉** ＊＊＊

案件类型	申请人
驳回复审	被驳回商标注册申请人
不予注册复审	被异议人
依绝对理由请求无效宣告	任何单位或个人
依相对理由请求无效宣告	在先权利人或利害关系人
无效宣告复审	被无效商标注册人
撤销复审	撤销或不予撤销决定的当事人

知识点二十 **商标评审案件的审理方式**

■ **大纲要求：熟悉** ＊＊＊

商标评审案件的审理方式包括合议制度、书面审理、口头审理。

知识点二十一 **商标评审案件的法律依据和审理标准**

■ **大纲要求：熟悉** ＊＊＊

商标评审案件的主要法律依据有《商标法》《商标法实施条例》《商标评审规则》《驰名商标认定和保护规定》《集体商标、证明商标注册和管理办法》。审理标准主要依据《商标审查及审理标准》的相关规定。

知识点二十二 **无效宣告概念**

■ **大纲要求：熟悉** ＊＊＊

注册商标无效宣告是指已经核准注册的商标，因违反《商标法》有关核准注册条件的规定而被宣告无效。

知识点二十三 **无效宣告事由**

■ **大纲要求：熟悉** ＊＊＊

一是注册商标违反绝对理由，即《商标法》中禁止注册的规定，或者是以欺骗手段或其他不正当手段取得注册的；二是商标的注册违反相对理由，即损害他人的在先权利或者合法利益。

知识点二十四 **无效宣告程序及法律后果**

■ **大纲要求：熟悉** ＊＊＊

由国家知识产权局依职权主动宣告注册商标无效的，属于单方当事人程序，被无效宣告的商标注册人应自收到无效宣告通知之日起15日内申请复审。当事人对复审决定不服的，可以自收到复审决定之日起 30 日内向人民法院起诉。

任何单位和个人依绝对理由或者在先权利人或利害关系人依相对理由请求宣告注册商标无效的，属于双方当事人案件，当事人对裁定不服的，可以自收到通知之日起30 日内向人民法院起诉。

注册商标一旦被宣告无效，其商标专用权视为自始即不存在。

知识点二十五　马德里商标国际注册的概念

■ **大纲要求：熟悉** ＊＊＊

马德里商标国际注册是根据《马德里协定》《商标国际注册马德里协定有关议定书》（以下简称《马德里议定书》）及《商标国际注册马德里协定及该协定有关议定书的共同实施细则》的规定办理的商标国际注册。马德里商标国际注册体系即马德里体系。

1989 年 10 月 4 日中国成为《马德里协定》的第 28 个成员方。1995 年 12 月 1 日，中国加入《马德里议定书》。

知识点二十六　涉及马德里商标国际注册的几个基本概念

■ **大纲要求：熟悉** ＊＊＊

原属国	申请人设有真实有效的工商营业场所的缔约方、申请人住所所在缔约方或申请人国籍所在缔约方，皆可作为申请人的原属国
原属局	原属国负责商标注册的主管机关
基础注册	在原属局获得的国内商标注册
基础申请	向原属局提交的国内商标注册申请
后期指定	商标进行马德里国际注册以后，在原来的基础上增加新的指定缔约方
国际注册证	由国际局颁发给马德里商标申请人的证书
被指定缔约方的驳回和保护	被指定缔约方经实质审查，对国际注册领土延伸申请的商标作出不予保护或者给予保护的决定

知识点二十七　马德里商标国际注册的申请

■ **大纲要求：熟悉** ＊＊＊

申请人应符合《马德里协定》和《马德里议定书》关于申请人资格的规定，即申请人在中国设有真实有效的工商营业场所、申请人在中国有住所或申请人具有中国国籍。国际注册申请应由国家知识产权局提交给国际局。

知识点二十八　国家知识产权局受理国际注册申请和形式审查

■ **大纲要求：了解** *

国家知识产权局对申请人提交的国际注册申请仅进行形式审查，包括书式审查和费用审查两部分。国家知识产权局将审查合格的国际注册外文申请书递交国际局。

知识点二十九　国际局的工作

■ **大纲要求：熟悉** * * *

国际局对国际注册申请进行形式审查。经审查合格的，在国际注册簿上登记并颁发国际注册证。

知识点三十　国际注册领土延伸的审查

■ **大纲要求：了解** *

领土延伸审查是指被指定缔约方收到国际局转发的国际注册领土延伸申请后，根据其国内法对商标国际注册申请进行审查。审查结果有核准和驳回两种。

知识点三十一　国际注册后续业务的种类

■ **大纲要求：了解** *

马德里国际注册后续业务包括转让、变更、删减、放弃、注销、续展及国际注册后期指定等。

知识点三十二　商标行政复议的主体资格

■ **大纲要求：掌握** * * * *

根据《行政复议法》的规定，公民、法人或者其他组织认为具体行政行为侵犯其合法权益的，可以向行政机关提出行政复议申请。商标行政复议申请人应当是利害关系人，被申请人是作出具体行政行为的机关，一般为知识产权管理部门和市场监督管理部门。

知识点三十三　行政复议的法定期限

■ **大纲要求：掌握** ＊＊＊＊

依据《行政复议法》第9条的规定，行政复议申请可以自知道该具体行政行为之日起60日内提出，法律规定的申请期限超过60日的除外。

依据《行政复议法》第31条的规定，行政复议机关应当自受理申请之日起60日内作出决定，但是法律规定的行政复议期限少于60日的除外。情况复杂的，经行政复议机关的负责人批准，可以适当延长，并告知申请人和被申请人，但是延长期限最多不超过30日。

知识点三十四　商标行政复议的受案范围

■ **大纲要求：掌握** ＊＊＊＊

商标授权确权案件行政复议受案范围包括对国家知识产权局在商标注册、变更、转让、续展、补发注册证、注销、撤销、异议、复审、无效等程序中作出的具体行政行为不服的；对国家知识产权局作出的停止受理商标代理机构办理商标代理业务等行政决定不服的。复议机关为国家知识产权局。

商标执法案件行政复议受案范围包括对市场监督管理部门作出的罚款、责令限期改正、销毁商品、禁止广告宣传、禁止商品销售、收缴商标标识、销毁侵权商标标识、消除现存商品上的侵权商标、收缴主要用于商标侵权的模具、印版和其他作案工具等行政处罚不服的；对市场监督管理部门采取的封存商标标识和责令封存与侵权活动有关的物品等行政强制措施不服的。行政复议机关为作出行政决定的同级人民政府或者行政机关的上级机关。

知识点三十五　商标行政复议申请材料

■ **大纲要求：掌握** ＊＊＊＊

申请人申请行政复议，可以书面申请，也可以口头申请。申请人应当提供申请人的基本情况、行政复议请求、申请行政复议的主要事实和理由；委托代理人申请的，应提供相关证明文件；认为被申请人不履行法定职责的，提供曾经要求被申请人履行法定职责而被申请人未履行的证明材料；一并提出行政赔偿请求的提供受具体行政行为侵害而造成损害的证明。

知识点三十六　商标行政复议案件的审理方式

■ **大纲要求：掌握＊＊＊＊**

采取书面审理为主、调查取证为辅的审理方式。对于重大、复杂的案件，申请人提出要求或行政复议机关认为有必要的，也可以采取听证审理方式。

知识点三十七　商标行政复议案件的审理程序

■ **大纲要求：掌握＊＊＊＊**

复议机关指定案件审理人员，通知被申请人答复，审阅书面案卷，并在立案之日起 60 日最长不超过 90 日内作出行政复议决定、终止结案决定或者调解裁定予以结案。在行政复议过程中因出现法定情形的，可以中止审理，待中止原因消除后再恢复行政复议案件的审理。

第六章

商标使用

一、基本内容框架

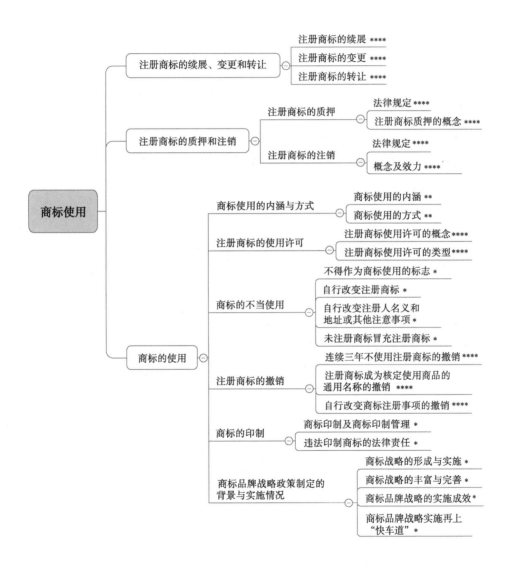

二、主要知识点

（一）掌握 ＊＊＊＊

1. 注册商标的续展、变更和转让

2. 注册商标的注销、撤销

3. 注册商标的使用许可和质押

（二）熟悉 ＊＊＊

4. 注册商标的撤销

（三）理解 ＊＊

5. 商标的使用内涵与方式

（四）了解 ＊

6. 商标的不当使用

7. 商标印制的概念以及违法印制商标所应承担的法律责任

8. 商标品牌培育和推广的政策情况

三、知识点解析

知识点一　注册商标的续展

■ **大纲要求：掌握** ＊＊＊＊

《商标法》第 40 条	注册商标有效期满，需要继续使用的，商标注册人应当在期满前十二个月内按照规定办理续展手续；在此期间未能办理的，可以给予六个月的宽展期
	每次续展注册的有效期为十年，自该商标上一届有效期满次日起计算
	期满未办理续展手续的，注销其注册商标
	国家知识产权局应当对续展注册的商标予以公告
《商标法实施条例》第 33 条	注册商标需要续展注册的，应当向国家知识产权局提交商标续展注册申请书
	国家知识产权局核准商标注册续展申请的，发给相应证明并予以公告

知识点二　注册商标的变更

■ **大纲要求：掌握** ＊＊＊＊

《商标法》第 41 条	注册商标需要变更注册人的名义、地址或者其他注册事项的，应当提出变更申请
《商标法实施条例》第 17 条	申请人变更其名义、地址、代理人、文件接收人或者删减指定的商品的，应当向国家知识产权局办理变更手续
《商标法实施条例》第 30 条	变更商标注册人名义、地址或者其他注册事项的，应当向国家知识产权局提交变更申请书
	变更商标注册人名义的，还应当提交有关登记机关出具的变更证明文件
	国家知识产权局核准的，发给商标注册人相应证明，并予以公告；不予核准的，应当书面通知申请人并说明理由
	变更商标注册人名义或者地址的，商标注册人应当将其全部注册商标一并变更；未一并变更的，由国家知识产权局通知其限期改正；期满未改正的，视为放弃变更申请，国家知识产权局应当书面通知申请人

知识点三　注册商标的转让

■ **大纲要求：掌握** ＊ ＊ ＊ ＊

《商标法》 第 42 条	转让注册商标的，转让人和受让人应当签订转让协议，并共同向国家知识产权局提出申请
	受让人应当保证使用该注册商标的商品质量
	转让注册商标的，商标注册人对其在同一种商品上注册的近似的商标，或者在类似商品上注册的相同或者近似的商标，应当一并转让
	对容易导致混淆或者有其他不良影响的转让，国家知识产权局不予核准，书面通知申请人并说明理由
	转让注册商标经核准后，予以公告
	受让人自公告之日起享有商标专用权
《商标法实施条例》 第 31 条	转让注册商标的，转让人和受让人应当向国家知识产权局提交转让注册商标申请书
	转让注册商标申请手续应当由转让人和受让人共同办理
	国家知识产权局核准转让注册商标申请后，发给受让人相应证明，并予以公告
	转让注册商标，商标注册人对其在同一种或者类似商品上注册的相同或者近似的商标未一并转让的，由国家知识产权局通知其限期改正；期满未改正的，视为放弃转让该注册商标的申请，国家知识产权局应当书面通知申请人
《商标法实施条例》 第 32 条	注册商标专用权因转让以外的继承等其他事由发生移转的，接受该注册商标专用权的当事人应当凭有关证明文件或者法律文书到国家知识产权局办理注册商标专用权移转手续
	注册商标专用权移转的，注册商标专用权人在同一种或者类似商品上注册的相同或者近似的商标，应当一并移转；未一并移转的，由国家知识产权局通知其限期改正；期满未改正的，视为放弃该移转注册商标的申请，国家知识产权局应当书面通知申请人

知识点四　注册商标质押的法律规定

■ **大纲要求：掌握** ＊ ＊ ＊ ＊

《物权法》 第 227 条	以注册商标专用权、专利权、著作权等知识产权中的财产权出质的，当事人应当订立书面合同
	质权自有关主管部门办理出质登记时设立

《担保法》 第 79 条	以依法可以转让的商标专用权，专利权、著作权中的财产权出质的，出质人与质权人应当订立书面合同，并向其管理部门办理出质登记
	质押合同自登记之日起生效
《商标法实施条例》 第 70 条	以注册商标专用权出质的，出质人与质权人应当签订书面质权合同，并共同向国家知识产权局提出质权登记申请，由国家知识产权局公告
《物权法》对最高额 质权的规定	出质人与质权人可以协议设立最高额质权，对一定期限内将要连续发生的债权提供质押担保，债务人不履行到期债务或发生当事人约定的实现质权的情形，质权人有权在最高债权额限度内就该质押的商标权优先受偿

知识点五　注册商标质押的概念

■ **大纲要求：掌握 * * * ***

定义	商标专用权质押是指商标注册人以出质人身份将自己所拥有的、依法可以转让的商标专用权作为债权的担保，当债务人不履行债务时，债权人有权依照法律规定，以该商标专用权折价或以拍卖、变卖该商标专用权的价款优先受偿
背景	近年来，随着全社会商标法律意识的提高，商标作为一项无形资产其价值为越来越多的债权人认可，商标专用权质押登记数量逐年上升
目的	质权登记目的是保障质权的实现和质权人的优先受偿权，防止重复质押，保护质权人和出质人的合法权益
登记部门	国家知识产权局负责具体办理注册商标专用权质权登记工作

知识点六　注册商标注销的法律规定

■ **大纲要求：掌握 * * * ***

《商标法》第 40 条	注册商标有效期满未办理续展手续的，注销其注册商标
两个要点	商标注册人申请注销其注册商标或者注销其商标在部分指定商品上的注册的，应当向国家知识产权局提交商标注销申请书，并交回原《商标注册证》
	商标注册人申请注销其注册商标或者注销其商标在部分指定商品上的注册，经国家知识产权局核准注销的，该注册商标专用权或者该注册商标专用权在该部分指定商品上的效力自国家知识产权局收到其注销申请之日起终止
《商标法实施条例》 第 74 条	商标注册人申请注销其商标在部分指定商品上的注册的，重新核发《商标注册证》，并予以公告

知识点七　注册商标注销的概念及效力

■ 大纲要求：掌握＊＊＊＊

概念	注销注册商标是指国家知识产权局依职权或者根据商标注册人的申请，将注册商标注销或者将注册商标在部分指定商品上的注册予以注销的法律程序
商标注销的两条途径	依申请注销：商标注册人向国家知识产权局提出注销申请。可以申请注销商标，也可申请注销该商标在部分指定商品或服务项目上的注册。注销申请经国家知识产权局核准后，其商标专用权自注销申请之日起终止
	依职权注销：当注册商标有效期满后，在法律规定的宽展期内注册人仍未提出续展申请的，国家知识产权局注销该注册商标，该商标专用权自有效期满次日起终止

知识点八　商标使用的内涵

■ 大纲要求：理解＊＊

《商标法》第48条	商标法所称商标的使用，是指将商标用于商品、商品包装或者容器以及商品交易文书上，或者将商标用于广告宣传、展览以及其他商业活动中，用于识别商品来源的行为
商标使用界定的重要意义	一方面，商标的使用是商标功能实现的前提；另一方面，商标的价值体现在使用过程中
	商标的使用是维持和保护注册商标专用权的重要条件
	商标的使用是判断是否构成商标侵权行为的重要条件
	未注册商标获得被动保护的必要条件
	对于同日申请的商标，在先使用人享有注册优先权
	商标的实际使用状况是能否获得驰名商标保护的重要条件

知识点九　商标使用的方式

■ 大纲要求：理解＊＊

	商标使用包括在商品上或者服务上的使用
具体表现形式（包括但不限于）	使用在商品、商品包装或者容器上
	使用在商品交易文书上
	使用在国家机关、检测鉴定机构或者行业组织出具的法律文书、证明文书上
	使用于服务场所
	使用在与服务有联系的文件资料上，包括服务购买合同、发票、收款凭证、提供服务协议、维修维护证明等
	使用在广告宣传、展览以及其他商业活动中

知识点十　注册商标使用许可的概念

■ **大纲要求：掌握 * * * ***

《商标法》第43条	商标注册人可以通过签订商标使用许可合同，许可他人使用其注册商标
概念	注册商标的使用许可，是指商标注册人或其授权人通过签订商标使用许可合同，将其注册商标以一定的条件许可他人使用的行为

知识点十一　注册商标使用许可的类型

■ **大纲要求：掌握 * * * ***

独占使用许可	定义	独占使用许可，是指商标注册人将注册商标仅许可一个被许可人在约定的期间、地域内以约定的方式使用，而许可人在上述约定范围内不得使用该商标
	特点	由于独占使用许可的被许可人享有独占使用权，因此，独占使用许可的被许可人在商标权被侵害时有权向人民法院提起诉讼
排他使用许可	定义	排他使用许可，是指商标注册人将注册商标仅许可一个被许可人在约定的期间、地域内以约定的方式使用，商标注册人在上述约定范围也可以使用该注册商标，但不得另行许可他人在上述约定范围内使用该注册商标
	特点	与独占使用许可不同的是，排他使用许可不禁止注册人本人使用。在商标专用权被侵害时，排他使用许可合同的被许可人可与商标注册人共同起诉，也可以在商标注册人不起诉的情况下自行提起诉讼
普通使用许可	定义	普通使用许可，是指商标注册人在约定的期间、地域内以约定的方式，许可他人使用其注册商标，并可自行使用该注册商标和许可他人使用其注册商标
	特点	普通使用许可的被许可人的数量可以是多名。在发生商标专用权被侵害时，普通使用许可的被许可人经商标注册人明确授权，可以提起诉讼

知识点十二　商标的不当使用之不得作为商标使用的标志

■ **大纲要求：了解 ***

两个要点	《商标法》第10条采取列举方式规定了不得作为商标使用的标志，并明确了使用地名作为商标的限制
	"不得作为商标使用"，是指除了禁止《商标法》第10条列举的标志作为商标注册外，还禁止这些标志作为商标使用

知识点十三 商标的不当使用之自行改变注册商标

■ **大纲要求：了解** *

《商标法》第 49 条	商标注册人在使用注册商标的过程中，自行改变注册商标、注册人名义、地址或者其他注册事项的

知识点十四 商标的不当使用之自行改变注册人名义和地址或者其他注册事项

■ **大纲要求：了解** *

自行改变注册人名义和地址或者其他注册事项	注册商标的注册人名义、地址或者其他注册事项发生变更时，应当及时到国家知识产权局办理变更手续

知识点十五 商标的不当使用之未注册商标冒充注册商标

■ **大纲要求：了解** *

《商标法实施条例》第 63 条	使用注册商标，可以在商品、商品包装、说明书或者其他附着物上标明"注册商标"或者注册标记。注册标记包括注和®。使用注册标记，应当标注在商标的右上角或者右下角
	未注册商标冒充注册商标是一种欺骗相关公众的行为，扰乱了商标注册管理秩序，依法应予以制止并给予行政处罚

知识点十六 注册商标的撤销之连续三年不使用注册商标的撤销

■ **大纲要求：掌握** * * * *

《商标法实施条例》第 66 条和第 67 条	注册商标无正当理由连续三年不使用的，任何单位和个人可以向国家知识产权局申请撤销该注册商标
	下列情形属于《商标法》第 49 条规定的不使用的正当理由：①不可抗力；②政府政策性限制；③破产清算；④其他不可归责于商标注册人的正当事由

| 知识点十七 | 注册商标的撤销之注册商标成为核定使用商品的通用名称的撤销 |

■ **大纲要求：掌握** ＊＊＊＊

	注册商标成为其核定使用的商品的通用名称的，任何单位和个人可以向国家知识产权局申请撤销该注册商标
两个要点	有《商标法》第49条规定的注册商标成为其核定使用商品的通用名称情形的，任何单位或个人可以向国家知识产权局申请撤销注册商标，提交申请时应当附送证据材料

| 知识点十八 | 注册商标的撤销之自行改变商标注册事项的撤销 |

■ **大纲要求：掌握** ＊＊＊＊

	商标注册人在使用注册商标的过程中，自行改变注册商标、注册人名义、地址或者其他注册事项的，由地方工商行政管理部门责令限期改正；期满不改正的，由国家知识产权局撤销其注册商标
自行改变商标注册事项的撤销	我国是商标注册制国家，商标专用权通过注册获得并以核准注册的商标和核定使用的商品为限。同时，我国采取集中注册和分级管理体制，商标在国家知识产权局集中注册，全国各级市场监管部门负责商标使用管理和商标注册专用权的行政保护工作
	商标注册人严格按照商标注册机关核准注册的商标和核定使用的商品使用注册商标，既是其法定义务，也是维持其自身权益，依法打击侵权行为，获得商标侵权民事赔偿的重要前提条件
	商标注册人在实际使用中擅自变更注册商标标识图样，擅自改变注册人名义、地址及其他注册事项，易造成权利行使和权益保护的混乱，对市场监管部门依法进行商标使用行为管理、保护注册商标专用权、维护公平竞争的市场秩序造成妨碍。对消费者认牌购物、实现消费知情权、依法维权以及对其他市场竞争者明确注册商标专用权权利界限造成障碍。对此类商标违法使用行为，地方市场监管部门应依职权制止和纠正，当事人拒不纠正的，地方市场监管部门应报送商标注册主管机关国家知识产权局撤销其注册商标

知识点十九　商标印制及商标印制管理

■ **大纲要求：了解** *

商标印制	商标印制是指印刷、制作带有商标的包装物、标签、封签、说明书、合格证等商标标识的行为。商标标识是指附着于商品、商品包装或者容器上，或者是与商品一并提供给消费者的物质载体
商标印制管理	商标印制管理是指商标管理机关依法对商标印制行为进行监督和检查，并对非法印制商标标识的行为予以查处的活动的总称

知识点二十　违法印制商标的法律责任

■ **大纲要求：了解** *

法律依据	目前，涉及商标印制监管的法律依据主要有《商标法》《商标法实施条例》《印刷业管理条例》《商标印制管理办法》等法律法规和规章
监管部门	根据上述规定，出版行政部门、市场监管部门、公安部门均有监管职责，可以根据违法行为的性质、情节分别处理直至追究刑事责任

知识点二十一　商标战略的形成与实施

■ **大纲要求：了解** *

商标战略的形成与实施	2008 年 6 月 5 日，国务院正式发布《国家知识产权战略实施纲要》
	原国家工商行政管理总局 2009 年 6 月 2 日制定发布《关于贯彻落实〈国家知识产权战略纲要〉大力推进商标战略实施的意见》

知识点二十二　商标战略的丰富与完善

■ **大纲要求：了解** *

商标战略的丰富与完善	2015 年 12 月 18 日，国务院印发《关于新形势下加快知识产权强国建设的若干意见》（国发〔2015〕71 号），这是知识产权强国建设的重要遵循和行动指南
	2016 年 12 月 30 日，国务院印发《"十三五"国家知识产权保护和运用规划的通知》（国发〔2016〕86 号），这是知识产权规划首次列入国家重点专项规划
	2017 年 5 月 17 日，原国家工商行政管理总局制定发布《关于深入实施商标品牌战略　推进中国品牌建设的意见》

知识点二十三　商标品牌战略的实施成效

■ **大纲要求：了解** *

商标品牌战略的 实施成效	在"十二五"和"十三五"商标品牌战略实施的推动下，商标领域治理体系不断完善，治理能力不断提升。企业商标意识显著增强，我国商标注册申请量已连续18年居世界第一位

知识点二十四　商标品牌战略实施再上"快车道"

■ **大纲要求：了解** *

商标品牌战略实施 再上"快车道"	2018年3月，国务院机构改革方案正式发布，将国家知识产权局的职责、国家工商行政管理总局的商标管理职责、国家质量监督检验检疫总局的原产地地理标志管理职责整合，重新组建国家知识产权局。通过此次改革，知识产权保护的职能更加统一，商标与专利、地理标志等战略的实施更加协调，商标战略的组织保障能力得到强化

第七章·CHAPTER 7

注册商标专用权的保护

一、基本内容框架

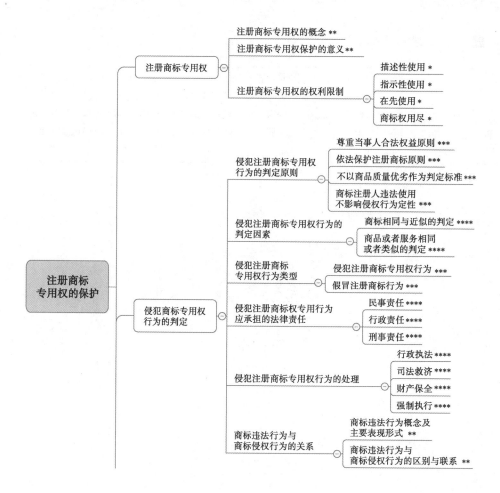

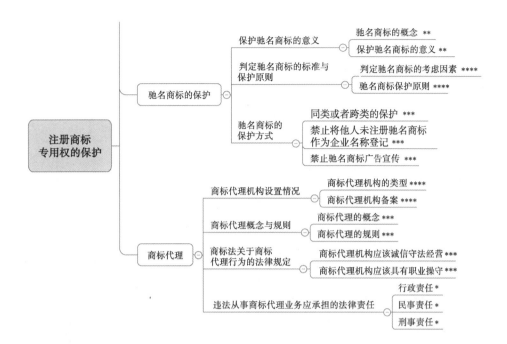

二、主要知识点

（一） 掌握 ＊＊＊＊

1. 侵犯注册商标专用权行为的判定因素

2. 侵犯注册商标专用权行为应承担的法律责任

3. 侵犯注册商标专用权行为的处理途径

4. 判定驰名商标的标准

5. 商标代理机构设置情况

（二） 熟悉 ＊＊＊

6. 侵犯注册商标专用权行为的判定原则

7. 侵犯注册商标专用权行为类型

8. 驰名商标的保护程序与保护方式

9. 商标代理事项

10. 商标法关于商标代理行为的法律规定

（三） 理解/辨析 ＊＊

11. 注册商标专用权保护的意义

12. 驰名商标的法律意义

13. 商标违法行为与商标侵权行为的关系

（四） 了解 ＊

14. 注册商标专用权的权利限制

15. 违法从事代理商标业务应承担的法律责任

三、知识点解析

知识点一　注册商标专用权的概念

■ **大纲要求：理解** ＊＊

含义	商标一经注册，商标注册人即取得注册商标专用权，在自己使用的基础上具有排他使用权，意味着未经商标注册人许可，其他人不得在特定范围内使用该注册商标，以保证商标起到区别商品或者服务来源的作用
三个要点	基础：权利人自己专用
	核心：禁止他人使用
	保护目的：避免商品或者服务来源的混淆

知识点二　注册商标专用权保护的意义

■ **大纲要求：理解** ＊＊

含义	保护注册商标专用权是指国家行政和司法机关根据职能，按照法律赋予的职权制止和制裁商标违法、侵权行为乃至犯罪行为，保障商标注册人行使权利并不受损害
四个要点	保护特定民事权利的基本体现
	保障消费者权益的重要基础
	维护市场竞争秩序的有力保障
	优化营商环境，促进对外贸易事业发展的必然选择

知识点三　商标的描述性使用

■ **大纲要求：了解** ＊

描述性使用是指使用他人注册商标中的文字或图形等要素，用以善意地描述自己商品或服务的特征、产地等情况的行为。

知识点四　商标的指示性使用

■ **大纲要求：了解** ＊

指示性使用是指使用他人注册商标中的文字或图形等要素，用以说明自己提供的商品或服务能够与使用该商标的商品或服务配套，或者为了说明自己提供的商品或服务的功能、用途、原料、制作工艺或者服务对象等，不会导致消费者对商品或者服务来源的混淆。

知识点五　商标的在先使用

■ **大纲要求：了解** ∗

含义	商标注册人申请商标注册前，他人已经在同一种商品或服务或者类似商品或服务上先于商标注册人使用与注册商标相同或者近似并有一定影响的商标
两个要点	注册商标专用权人无权禁止该使用人在原使用范围内继续使用该商标
	注册商标专用权人可以要求其附加适当区别标识

知识点六　商标权用尽

■ **大纲要求：了解** ∗

商标权用尽，又称商标权穷竭，是指商标注册人自己或许可他人将使用注册商标的商品投放市场后，他人无须商标注册人允许便可再次转售或者以其他方式向公众提供，包括为此目的在广告宣传中使用，均不构成侵犯注册商标专用权。

知识点七　尊重当事人合法权益原则

■ **大纲要求：熟悉** ∗ ∗ ∗

侵犯注册商标专用权行为的判定，应遵循尊重当事人合法权益原则。

含义	在行政处理商标侵权案件过程中，既要充分考虑商标注册人的意愿，也要尊重商标侵权行为嫌疑人的合法权益，只有保证双方当事人的任何合法权益不受损害，才能保证行政执法的公平和公正
四个要点	尊重商标当事人自主选择的意愿，其可以就商标纠纷自行协商或选择其他纠纷处理途径
	充分考虑在先使用人的利益，合理界定正当使用行为
	尊重在先权利，如著作权、企业名称权、外观设计专利权等
	要为行政相对人在行政处罚程序所拥有的权利的行使提供必要条件，如陈述权、申辩权、请求回避权、质证权、请求听证权等

知识点八　依法保护注册商标原则

■ **大纲要求：熟悉** ＊＊＊

侵犯注册商标专用权行为的判定，应遵循法定原则。

含义	判定侵犯注册商标专用权行为，要坚持法定原则，对注册商标在法律范围内，即核准注册的商标和核定使用的商品或者服务范围内给予专用权法律保护
两个要点	凡注册商标，在其丧失权利之前都应受到法律保护
	对确属注册不当应予无效宣告的商标，在该商标进入无效宣告程序后，可以中止案件查处，待商标确权终局裁定或者判决作出后再行处理，以防他人利用合法争议手段达到侵权目的

知识点九　不以商品质量优劣作为判定标准

■ **大纲要求：熟悉** ＊＊＊

侵犯注册商标专用权行为的判定，不以商品质量优劣作为判定标准。

含义	商品质量的优劣不会影响到商标侵权行为的认定
两个要点	他人擅自使用与注册商标相同或者近似的商标，即使其商品质量优于商标注册人的商品质量，也应认定为侵权行为
	对使用注册商标或者未注册商标的商品质量问题，可以适用《产品质量法》处理，与商标侵权行为的认定没有直接关系

知识点十　商标注册人违法使用不影响侵权行为定性

■ **大纲要求：熟悉** ＊＊＊

侵犯注册商标专用权行为的判定，不受商标注册人违法使用行为的影响。

含义	如果商标注册人在使用注册商标过程中存在违反《商标法》或《商标法实施条例》的情形，可以适用有关条款，要求行为人就违法使用行为承担相应的法律责任，除非该注册商标被依法撤销，不影响对其注册商标专用权的保护
两个要点	理由：注册商标专用权是一种民事权利，商标注册人可以在法律允许的范围内行使其权利
	处理方式：在注册商标专用权存续期间，他人擅自使用与该注册商标相同或近似的商标的，仍应认定为商标侵权行为

知识点十一　商标相同与近似的判定

■ **大纲要求：掌握** * * * *

意义	商标是否相同或者近似，是判断是否侵犯他人注册商标专用权的主要因素之一
三个原则	应当以相关公众的一般注意力为标准进行判断
	准确运用对比商标的整体、要部和隔离比较方法： （1）整体比对：将商标作为一个整体来进行观察，考虑商标的整体印象； （2）要部比对：将商标中发挥主要识别作用的显著识别部分抽出来进行重点比较和对照； （3）隔离比对：将注册商标与涉嫌侵权的商标放置于不同的地点，在不同的时间进行观察比对
	考虑已注册商标的显著性和知名度等要素

知识点十二　商品或者服务相同或者类似的判定

■ **大纲要求：掌握** * * * *

意义	商品或者服务相同或类似是判断是否侵犯他人注册商标专用权的主要因素之一
含义	商品或者服务相同是指商品或者服务名称相同，以及商品或者服务名称不同但指向同一事物或者内容
	商品或者服务类似是指商品或者服务在功能、用途、生产方式、销售渠道、消费对象等方面相同或者基本相同，或者相关公众一般会认为其存在特定联系、容易造成来源混淆
依据	主要以《商标注册用商品和服务国际分类表》《类似商品和服务区分表》作为参考

知识点十三　侵犯注册商标专用权行为

■ **大纲要求：熟悉** * * *

含义	侵犯注册商标专用权是指行为人未经商标注册人许可，在相同或者类似商品或服务上使用与其注册商标相同或者近似的商标，或者其他干涉、妨碍商标注册人使用其注册商标，损害商标注册人合法权益的行为
依据	《商标法》第57条明确列举了七种情形

续表

情形	未经商标注册人的许可，在同一种商品或服务上使用与其注册商标相同的商标的
	未经商标注册人的许可，在同一种商品或服务上使用与其注册商标近似的商标，或者在类似商品或服务上使用与其注册商标相同或者近似的商标，容易导致混淆的
	销售侵犯注册商标专用权的商品的
	伪造、擅自制造他人注册商标标识或者销售伪造、擅自制造的注册商标标识的
	未经商标注册人同意，更换其注册商标并将该更换商标的商品又投入市场的
	故意为侵犯他人商标专用权行为提供便利条件，帮助他人实施侵犯商标专用权行为的
	给他人的注册商标专用权造成其他损害的（概括性条款）

知识点十四　假冒注册商标行为

■ 大纲要求：熟悉 ＊ ＊ ＊

定义	未经商标注册人的许可，在同一种商品上使用与其注册商标相同的商标的行为；情节严重的，可构成"假冒注册商标罪"
特征	行为人具有主观故意
	假冒商标行为情节严重的可以追究刑事责任
	假冒商标行为使用的商标和商品，与被假冒的商标注册人核准注册的商标、核定使用的商品完全相同，而不看商标注册人自己是否有这种商品

知识点十五　侵犯注册商标专用权行为应承担的民事责任

■ 大纲要求：掌握 ＊ ＊ ＊ ＊

理由	从特定民事主体权利的角度看，侵犯注册商标专用权的行为损害了商标注册人的利益，影响了注册商标所承载的商誉，弱化了注册商标的区别作用，侵权人应当承担民事责任
两个要点	法律依据：《商标法》等民事法律规范
	承担民事责任的方式：停止侵权、消除影响、损害赔偿等

知识点十六　侵犯注册商标专用权行为应承担的行政责任

■ 大纲要求：掌握 ＊ ＊ ＊ ＊

理由	侵犯注册商标专用权的行为会对公共利益造成损害
要点	承担行政责任的方式：停止侵权、警告、罚款等

知识点十七　侵犯注册商标专用权行为应承担的刑事责任

■ 大纲要求：掌握＊＊＊＊

理由	假冒注册商标是一种严重的商标侵权行为，情节严重的假冒注册商标行为，除赔偿被侵权人的损失外，还应当承担刑事责任
两个要点	任何人都可以向公安机关或人民检察院控告或者检举，要求依法追究其刑事责任
	"情节严重"通常是指假冒注册商标商品造成人身损害的，假冒行为人屡教不改的，假冒行为非法获利数额巨大的，造成社会影响极其恶劣的情形等

知识点十八　处理侵犯注册商标专用权行为中的行政执法

■ 大纲要求：掌握＊＊＊＊

程序	《商标法》第60条规定，对于侵权行为，被侵权人可以选择由行政机关处理，也可以向人民法院起诉。如果被侵权人向行政机关投诉，行政机关可以依据被侵权人提供的证据和自己调查获取的证据，责令侵权人立即停止侵权行为，没收、销毁侵权商品和主要用于制造侵权商品、伪造注册商标标识的工具，并可处以罚款。当事人对行政机关的处罚决定不服的，在规定的期间内，可以向人民法院起诉
特点	行动迅速、执法效率高，行政机关能够快速有效地制止商标侵权行为，避免侵权人隐匿、转移违法嫌疑证据，及时控制和缩小侵权行为对被侵权人造成的损害后果
	手段综合，行政机关可以询问有关当事人、调查与侵权活动有关的物品和行为等，并作出责令立即停止侵权、收缴并销毁侵权物品和侵权标识、罚款等行政处罚
	主动灵活，行政机关可以依投诉保护商标专用权，也可以依职权主动查处商标侵权假冒行为
	简便快捷，无需费用，减轻了当事人的经济负担，降低了维权成本
中止	在查处商标侵权案件过程中，对商标权属存在争议或者权利人同时向人民法院提起商标侵权诉讼的，可以中止案件的查处。中止原因消除后，应当恢复或者终结案件查处程序

知识点十九　处理侵犯注册商标专用权行为中的司法救济

■ 大纲要求：掌握＊＊＊＊

含义	司法救济，是指人民法院通过民事诉讼、行政诉讼和刑事诉讼在商标侵权纠纷诉讼案件中保护当事人注册商标专用权的行为

续表

两个要点	对于侵权行为，被侵权人可以向人民法院起诉
	当事人对行政机关的处罚决定不服的，可以在规定的期间内向人民法院起诉

知识点二十　处理侵犯注册商标专用权行为中的财产保全

■ 大纲要求：掌握＊＊＊＊

依据《商标法》第 65 条的规定，商标注册人或者利害关系人有证据证明他人正在实施或者即将实施侵犯其注册商标专用权的行为，如不及时制止将会使其合法权益受到难以弥补的损害的，可以依法在起诉前向人民法院申请采取财产保全措施。

知识点二十一　处理侵犯注册商标专用权行为中的强制执行

■ 大纲要求：掌握＊＊＊＊

含义	依据《民事诉讼法》的规定，在执行过程中，需要办理有关财产权证照转移手续的，人民法院可以向有关单位发出协助执行通知书，有关单位必须办理，这其中就包括商标注册证
要点	《商标法》第 42 条规定："转让注册商标的，商标注册人对其在同一种商品上注册的近似的商标，或者在类似商品上注册的相同或者近似的商标，应当一并转让。"强制执行转让时，也应当遵循这一原则

知识点二十二　商标违法行为概念及主要表现形式

■ 大纲要求：辨析＊＊

含义	商标违法行为是指使用注册商标或者未注册商标违反法律法规规定的行为
六种主要表现形式	自行改变注册商标或注册人名称、地址或其他注册事项
	自行转让注册商标
	冒充注册商标
	违反禁止使用条款
	在烟草制品上使用未注册商标
	使用他人注册商标未标注被许可人名称和商品产地

知识点二十三　商标违法行为与商标侵权行为的区别与联系

■ **大纲要求：辨析 * ***

区别	商标违法行为侵害的客体是商标法规保护的社会经济秩序，不涉及他人注册商标专用权，承担的法律责任主要是行政责任，以行为纠正为主，罚则较轻
	商标侵权行为侵害的客体是民事主体合法享有的人身和财产权益，可以承担行政责任，主要是承担民事责任，严重的侵权行为可以追究侵权人的刑事责任
联系	一些情况下，商标违法行为可能构成商标侵权，比如自行改变注册商标后的标识与他人注册商标相同或近似的，构成商标侵权行为；被许可人超范围使用许可人的注册商标严重侵害许可人权益的，许可人可以追究其商标侵权责任

知识点二十四　驰名商标的概念

■ **大纲要求：理解 * ***

含义	驰名商标是指经过长期广泛的使用或大量的宣传推广，享有了较高知名度，为相关公众所熟知的商标
两个要点	相关公众包括： （1）与使用商标所标示的某类商品或者服务有关的消费者； （2）生产前述商品或者提供服务的其他经营者； （3）经销渠道中所涉及的销售者和相关人员等
	驰名商标保护不受是否注册的限制，未注册驰名商标也可以受到法律保护

知识点二十五　保护驰名商标的意义

■ **大纲要求：理解 * ***

三个意义	是我国应履行的一项国际义务
	有利于维护商标权利人和消费者的利益
	有利于维护公平竞争的市场秩序，优化营商环境

知识点二十六　**判定驰名商标的考虑因素**

■ **大纲要求：掌握** ＊ ＊ ＊ ＊

依据	《商标法》第 14 条
具体因素	相关公众对该商标的知晓程度
	该商标使用的持续时间
	该商标的任何宣传工作的持续时间、程度和地理范围
	该商标作为驰名商标受保护的记录
	该商标驰名的其他因素

知识点二十七　**驰名商标保护原则**

■ **大纲要求：掌握** ＊ ＊ ＊ ＊

三个原则	个案认定原则，指驰名商标的认定效力仅限于特定案件，用于判定具体案件中的侵权行为并给予驰名商标特殊保护
	被动保护原则，指驰名商标认定程序的启动要基于当事人请求，行政机关和司法机关并不能依职权主动认定
	行政司法双轨制。国家知识产权局可以在商标注册审查、商标争议处理或查处商标违法案件过程中，人民法院可以在审理商标纠纷案件过程中，依当事人申请，根据需要对商标驰名情况作出认定

知识点二十八　**驰名商标的同类或者跨类的保护**

■ **大纲要求：熟悉** ＊ ＊ ＊

两种类型	对于尚未在中国注册的驰名商标，保护范围及于相同或类似的商品或服务。《商标法》第 13 条第 2 款规定："就相同或者类似商品申请注册的商标是复制、摹仿或者翻译他人未在中国注册的驰名商标，容易导致混淆的，不予注册并禁止使用。"
	对于已经在中国注册的驰名商标，保护范围及于不相同或不相类似的商品或服务。《商标法》第 13 条第 3 款规定："就不相同或者不相类似商品申请注册的商标是复制、摹仿或者翻译他人已经在中国注册的驰名商标，误导公众，致使该驰名商标注册人的利益可能受到损害的，不予注册并禁止使用。"

知识点二十九   禁止将他人未注册驰名商标作为企业名称登记

■ **大纲要求：熟悉** ＊＊＊

除了作为商标使用，将未注册驰名商标作为企业字号使用的"搭便车"行为也是为法律所禁止的。《商标法》第58条规定，将他人未注册的驰名商标作为企业名称中的字号使用，误导公众，构成不正当竞争行为的，依照《中华人民共和国反不正当竞争法》处理。

知识点三十   禁止驰名商标广告宣传

■ **大纲要求：熟悉** ＊＊＊

驰名商标是基于保护需求的个案认定，其认定效力仅限于个案，并非一种荣誉称号。为了明确立法本意，《商标法》第14条规定，生产、经营者不得将"驰名商标"字样用于商品、商品包装或者容器上，或者用于广告宣传、展览以及其他商业活动中。

知识点三十一   商标代理机构的类型

■ **大纲要求：掌握** ＊＊＊＊

两种类型	经登记从事商标代理业务的服务机构，即经核准登记的企业
	从事商标代理业务的律师事务所

知识点三十二   商标代理机构备案

■ **大纲要求：掌握** ＊＊＊＊

依据	商标代理机构从事商标事宜代理业务的，应当向国家知识产权局备案
原因	商标代理机构开展商标代理业务的需要
	管理商标工作的部门建立商标代理机构信用档案的需要
方式	商标代理机构备案、变更备案：可在线办理、邮寄办理或直接办理
	商标代理机构注销备案：可邮寄办理或直接办理

知识点三十三　商标代理的概念

■ **大纲要求：熟悉** ＊＊＊

含义	商标代理是指接受委托人的委托，以委托人的名义办理商标注册申请、商标评审或者其他商标事宜
商标代理事项	主要包括：商标注册申请、变更、续展、转让、异议、撤销、无效宣告、复审、纠纷处理和诉讼等商标事宜

知识点三十四　商标代理的规则

■ **大纲要求：熟悉** ＊＊＊

依据	《商标法》第 18 条
两个原则	自愿原则：申请商标注册或者办理其他商标事宜，可以自行办理，也可以委托依法设立的商标代理机构办理
	强制原则：外国人或者外国企业在中国申请商标注册和办理其他商标事宜的，应当委托依法设立的商标代理机构办理
差别规定的三个理由	外国人和外国企业在中国无经常居所或者营业所，传递法律文书既不便利又无保证
	本国国民没有语言障碍，而外国人则不同，翻译文本是否与本国语言文本意思相同并具有同等法律效力等问题需要第三方佐证
	外国申请人一般对申请国知识产权法律不够了解，应对不及时会损害自身权益

知识点三十五　商标代理机构应该诚信守法经营

■ **大纲要求：熟悉** ＊＊＊

　　诚信守法经营，是任何市场主体都必须遵守的重要原则，从事商标代理业务的商标代理机构亦应如此，遵循诚实信用原则，遵纪守法。

知识点三十六　商标代理机构应该具有职业操守

■ **大纲要求：熟悉** ＊＊＊

依据	商标代理机构应当恪守职业道德，按照被代理人的委托办理商标注册申请或者其他商标事宜；对在代理过程中知悉的被代理人的商业秘密，负有保密义务

三个要点	委托人申请注册的商标可能存在法律规定不得注册的情形的，商标代理机构应当明确告知委托人
	商标代理机构知道或者应当知道委托人申请注册的商标属于《商标法》第4条、第15条和第32条规定的情形的，不得接受其委托
	商标代理机构除对其代理服务申请商标注册外，不得申请注册其他商标

知识点三十七　违法从事商标代理业务应承担的行政责任

■ 大纲要求：了解 *

违法行为三种类型	办理商标事宜过程中，伪造、变造或者使用伪造、变造的法律文件、印章、签名的
	以诋毁其他商标代理机构等手段招徕商标代理业务或者以其他不正当手段扰乱商标代理市场秩序的
	违反《商标法》第4条、第19条第3款和第4款规定的
责任类型	由管理商标工作的部门责令限期改正，给予警告，处一万元以上十万元以下罚款
	对直接负责的主管人员和其他直接责任人员给予警告，处五千元以上五万元以下的罚款
处罚对象	商标代理机构
	直接负责的主管人员和其他直接责任人员
管辖与通报	由行为人所在地或者违法行为发生地管理商标工作的部门进行查处并将查处情况通报国家知识产权局
信用档案	商标代理机构有上述违法行为的，记入信用档案

知识点三十八　违法从事商标代理业务应承担的民事责任

■ 大纲要求：了解 *

含义	商标代理机构与委托人之间的关系实际上是一种民事法律关系，商标代理机构违反诚实信用原则，侵害委托人合法利益的，应依法承担民事法律责任
两个要点	商标代理机构和委托人因商标代理而产生的纠纷可以通过协商或民事诉讼等途径解决
	商标代理行业组织还应当根据其章程的规定，对违反诚实信用原则，侵害委托人合法利益的商标代理机构会员予以惩戒，发挥行业组织的自律作用

知识点三十九　违法从事商标代理业务应承担的刑事责任

■ **大纲要求：了解** *

根据《商标法》第 68 条的规定，商标代理机构从事违法代理行为情节严重，构成犯罪的，依法追究刑事责任。

第八章·
著作权

一、基本内容框架

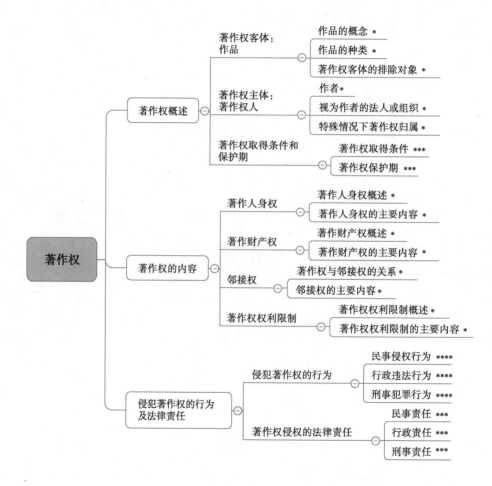

二、主要知识点

（一）掌握＊＊＊＊

1. 侵犯著作权的民事侵权行为

2. 侵犯著作权的行政违法行为

3. 侵犯著作权的刑事犯罪行为

（二）熟悉＊＊＊

4. 著作权的取得条件

5. 著作权保护期

6. 著作权侵权的民事、行政、刑事法律责任

（三）了解＊

7. 著作权客体：概念、种类、排除对象

8. 著作权主体：作者、视为作者的法人或者组织、特殊情况下的著作权归属

9. 著作人身权：概述、主要内容

10. 著作财产权：概述、主要内容

11. 邻接权：与著作权的关系、主要内容

12. 著作权权利限制：概念、主要内容

三、知识点解析

知识点一　作品的概念

■ **大纲要求：了解** *

作品，作为著作权法律关系中权利义务所共同指向的对象，也就是著作权客体。

我国《著作权法》所规定的"作品"，是指文学、艺术和科学领域内具有独创性并能以某种有形形式复制的智力成果。从作品的实质构成来看，著作权法上的作品应该满足如下要件。

首先，作品应当是文学、艺术和科学领域的智力创作成果。随着科学技术的不断发展，作品的表现形式不断增多，作品中容纳的技术含量不断提高，但作品作为人类智力创作成果的属性是始终不变的。

其次，作品应当具有独创性。独创性是指作品表达形式的独创，强调作品独立创作完成，而且体现了作者的选择和判断。同时，受著作权法保护的作品应当达到一定的创作高度，其中的智力成分不能过于微不足道。但独创性不苛求绝对的独一无二，也不要求作品具有较高的审美价值。对于不同主体各自独立创作完成的相同作品，各个主体分别享有著作权。

最后，作品应当具有可复制性。具有可复制性意味着作品不能是停留在内心世界的思想，而应是能够被人感知的客观外在表达。具有可复制性是作品可以被重复利用的前提，也是著作权人从作品的利用中获取经济利益的关键。

知识点二　作品的种类

■ **大纲要求：了解** *

按照不同标准，可以对作品进行不同的分类，比较常见的分类如下。

按照创作来源，可以将作品分为原始作品、演绎作品和集合作品。原始作品的创作来源于原始作品的作者；演绎作品的创作同时来源于演绎作品和原始作品的作者；集合作品以汇编作品为典型，其创作亦同时来源于集合作品和原始作品的作者，但与演绎作品不同，集合作品通常仅是将多个原始作品以一定的方式进行编排，而并未在原始作品的基础上作出独创性的改编、翻译、注释、整理。

按照作品是否发表，可以将作品分为已发表作品和未发表作品。作品发表与否关乎著作权人可否行使发表权，也与合理使用密切相关，一般来说，合理使用仅能针对已发表作品进行。

按照创作者的数量，可以将作品分为单独作品和合作作品。单独作品是由单个作者创作的作品，合作作品则是由两个或多个作者创作的作品。由于涉及两人以上的创作主体，合作作品在著作权保护期、著作权行使方式上都须遵循一系列特殊规则。

按照作品创作主体的国籍，可以将作品分为本国作品和外国作品。根据我国《实施国际著作权条约的规定》，下述外国作品受我国著作权法保护：①作者或者作者之一，其他著作权人或者著作权人之一是国际著作权条约成员方的国民或者在该条约的成员方有经常居所的居民的作品；②作者不是国际著作权条约成员方的国民或者在该条约的成员方有经常居所的居民，但是在该条约的成员方首次或者同时发表的作品；③中外合资经营企业、中外合作经营企业和外资企业按照合同约定是著作权人或者著作权人之一的，其委托他人创作的作品。

按照作品的表现形式，可以将作品分为下述九类：①文字作品；②口述作品；③音乐、戏剧、曲艺、舞蹈、杂技艺术作品；④美术、建筑作品；⑤摄影作品；⑥电影作品和以类似摄制电影的方法创作的作品；⑦）工程设计图、产品设计图、地图、示意图等图形作品和模型作品；⑧计算机软件；⑨法律、行政法规规定的其他作品。这是我国《著作权法》明确规定的作品分类方式。

知识点三　著作权客体的排除对象

■ **大纲要求：了解** *

1.“思想—表达”二分法

“思想—表达”二分法是区分受著作权法保护与不受著作权法保护的客体的基本原则。根据这一原则，仅存在于脑海中的、尚未以外在的表达形式体现的内容不受著作权法保护，抽象的思想、观念、创意、构思、概念、操作方法等亦不受著作权法保护。准确区分“思想”与“表达”，是判定两部作品是否构成实质性相似，进而判定著作权侵权是否成立的关键。

“思想”与“表达”在某些情况下呈现出混合的样态，这是由于表达方式有限所导致的。表达方式有限指的是特定的思想只有有限的一种或者几种表达方式的情况，此时存在“思想”与“表达”的混合。为了防止对思想的垄断，若存在“思想”与

"表达"混合的情形，这一种或者几种有限的表达本身也不再受著作权法保护，这就是著作权法的"混合原则"。

与表达方式有限相关的另一个原则是"场景原则"。"场景原则"指的是，如果选择某一类主题进行创作时，不可避免地采用某些事件、人物、布局、场景，这种对于表现特定主题不可或缺的表达不受著作权法保护。

2. 著作权法中的排除对象

不适用于《著作权法》的对象包括：①法律、法规，国家机关的决议、决定、命令和其他具有立法、行政、司法性质的文件，及其官方正式译文；②时事新闻，即通过报纸、期刊、广播电台、电视台等大众传播媒介传播的单纯事实消息；③历法、通用数表、通用表格和公式。

知识点四　著作权主体：作者

■ **大纲要求：了解** *

作者，是著作权的重要主体之一。作者指的是创作作品的公民，著作权属于作者，著作权法另有规定的除外。确定作者的关键在于界定"创作"这一概念。著作权法所称的"创作"，是指直接产生文学、艺术和科学作品的智力活动。关于"创作"与否的判断，应考虑行为所产生的结果是否具备独创性。为他人创作进行组织工作，提供咨询意见、物质条件，或者进行其他辅助工作等，在作品的创作中可能发挥重要作用，但是由于不具有独创性，这类行为均不应视为创作。创作行为是事实行为而非法律行为，因此，无论创作者是否具有民事行为能力，均可作为作者享有著作权。根据我国《著作权法》的规定，如无相反证明，在作品上署名的公民为作者。

知识点五　著作权主体：视为作者的法人或者其他组织

■ **大纲要求：了解** *

除作者之外，法人或者其他组织也是重要的著作权主体。根据我国《著作权法》的规定，由法人或者其他组织主持，代表法人或者其他组织意志创作，并由法人或者其他组织承担责任的作品，法人或者其他组织视为作者。这一规定是关于作者的法律拟制。由此可见，在我国，法人或者其他组织也可以作为著作权原始主体，自始享有作品的著作权。如无相反证明，在作品上署名的法人或者其他组织为作者。

知识点六　特殊情况下的著作权归属

■ **大纲要求：了解 ***

1. 合作作品

合作作品是两人以上合作创作的作品，此类作品的著作权由合作作者共同享有。这里的"人"包括自然人、法人以及其他组织。合作作者应当是实际参与创作的人。创作合作作品的作者应当具有共同创作的意图和共同创作的行为，且共同创作的意图和行为应当指向同一作品。

合作作品的著作权行使规则如下：①合作作品可以分割使用的，作者对各自创作的部分可以单独享有著作权，但行使著作权时不得侵犯合作作品整体的著作权。②合作作品不可以分割使用的，其著作权由各合作作者共同享有，通过协商一致行使；不能协商一致，又无正当理由的，任何一方不得阻止他方行使除转让以外的其他权利，但是所得收益应当合理分配给所有合作作者。

2. 职务作品

公民为完成法人或者其他组织工作任务所创作的作品，是职务作品。这里的"工作任务"指的是公民在该法人或者该组织中应当履行的职责。职务作品不同于法人作品，职务作品的作者是创作作品的公民，法人作品的作者是"视为作者"的法人或者其他组织。职务作品的著作权一般由作者享有，但法人或者其他组织有权在其业务范围内优先使用。作品完成2年内，未经单位同意，作者不得许可第三人以与单位使用的相同方式使用该作品；经单位同意，作者许可第三人以与单位使用的相同方式使用作品所获报酬，由作者与单位按约定的比例分配。作品完成2年的期限，自作者向单位交付作品之日起计算。

但是，下述职务作品的著作权由法人或者其他组织享有，作者仅享有署名权及根据约定获得报酬的权利：①主要是利用法人或者其他组织的物质技术条件创作，并由法人或者其他组织承担责任的工程设计图、产品设计图、地图、计算机软件等职务作品；②法律、行政法规规定或者合同约定著作权由法人或者其他组织享有的职务作品。上述"物质技术条件"，是指该法人或者该组织为公民完成创作专门提供的资金、设备或者资料。

3. 电影作品

电影作品，即摄制在一定介质上，由一系列有伴音或者无伴音的画面组成，并且借助适当装置放映或者以其他方式传播的作品。电影作品往往涉及导演、演员、摄影、作曲等众多人员的创作活动，其构成一种特殊的合作作品。此外，电影作品往往由文学作品改编而来，其又具有演绎作品的性质。上述属性意味着，电影作品往往具有众多的创作主体。为了方便电影作品的权利流转，《著作权法》通过法定转让的方式明确了电影作品的权利归属，将电影作品的著作权人规定为制片者，同时规定，编剧、导演、摄影、作词、作曲等作者享有署名权及按照与制片者签订的合同获得报酬的权利。但是，电影作品和以类似摄制电影的方法创作的作品中的剧本、音乐等可以单独使用的作品的作者有权单独行使其著作权。

4. 委托作品

委托作品即受委托创作的作品，是受托人根据与委托人订立的委托创作合同，按照委托人的要求，为委托人所创作的作品。委托作品的著作权归属由委托人和受托人通过合同约定。合同未作明确约定或者没有订立合同的，著作权属于受托人。在委托作品著作权属于受托人的情形下，委托人在约定的使用范围内享有使用作品的权利；双方没有约定使用作品范围的，委托人可以在委托创作的特定目的范围内免费使用该作品。

5. 汇编作品

汇编若干作品、作品的片段或者不构成作品的数据或者其他材料，对其内容的选择或者编排体现独创性的作品，为汇编作品，其著作权由汇编人享有。按照汇编的材料本身是否具有独创性，可以将汇编作品分为作品汇编和事实汇编两种类型。作品汇编指的是汇编材料本身构成作品的情况，此时的汇编作品属于双重著作权的作品，汇编人所享有的著作权仅限于对内容的选择和编排，其行使著作权时不能侵犯原作品著作权人的权利。

未经授权创作汇编作品的行为构成对原作品著作权人的侵权，但汇编人仍可基于汇编行为，享有汇编作品的著作权。对于在数据或者其他材料的选择或编排方面未体现出独创性的汇编物，不能作为汇编作品获得保护，若他人的利用行为构成不正当竞争，可依《反不正当竞争法》追究其相应责任。

6. 演绎作品

演绎作品，是在原作品基础上进行再创作而产生的作品。演绎作品既含有原作品的独创性表达成分，也含有演绎作者的独创性表达成分。因此，演绎作品也属于双重著作权的作品。"演绎"行为包括但不限于改编、翻译、注释、整理等。将小说改编为戏剧、电影，将文学著作从一种语言翻译成另一种语言，都属于典型的演绎行为。对于改编、翻译、注释、整理已有作品而产生的作品，其著作权由改编、翻译、注释、整理人享有，但行使著作权时不得侵犯原作品的著作权。出版改编、翻译、注释、整理已有作品而产生的作品，应当同时取得改编、翻译、注释、整理作品的著作权人和原作品的著作权人许可，并支付报酬。使用改编、翻译、注释、整理已有作品而产生的作品进行演出，应当同时取得改编、翻译、注释、整理作品的著作权人和原作品的著作权人许可，并支付报酬。

7. 其他特殊情形

以下情形也适用特殊的著作权归属规则：①由他人执笔，本人审阅定稿并以本人名义发表的报告、讲话等作品，若不存在相反的署名，则著作权归报告人或者讲话人享有，著作权人可以支付执笔人适当的报酬。②当事人合意以特定人物经历为题材完成的自传体作品，当事人对著作权权属有约定的，依其约定；没有约定的，著作权归该特定人物享有，执笔人或者整理人对作品完成付出劳动的，著作权人可以向其支付适当的报酬。③作者身份不明的作品，由作品原件的所有人行使除署名权以外的著作权。作者身份确定后，由作者或者其继承人行使著作权。

> **知识点七　著作权取得条件**

■ **大纲要求：熟悉** ＊ ＊ ＊

著作权自动保护是《伯尔尼公约》确认的一项原则。我国在著作权取得条件上也实行自动保护原则，著作权自作品完成之日自动产生，无须履行包括登记、交存作品、附加版权标记在内的任何手续。这里的"创作完成"，既包括整体的创作完成，也包括局部的创作完成，只要完成的部分能够构成著作权法意义上的作品即可。

> **知识点八　著作权保护期**

■ **大纲要求：熟悉** ＊ ＊ ＊

著作权保护期即著作权法律效力的时间界限。著作权人根据著作权法享有的权利，仅在著作权保护期内有效。一旦著作权保护期届满，作品即进入公有领域，成为社会的共同财富，任何人都可以不经许可、不支付报酬而自由使用该作品。

一般来说，作者的署名权、修改权、保护作品完整权的保护期不受限制。这是著作人身权与一般人身权不同之处，一般人身权的保护期通常截至自然人死亡之时。作者死亡后，其著作权中的署名权、修改权和保护作品完整权由作者的继承人或者受遗赠人保护。著作权无人继承又无人受遗赠的，其署名权、修改权和保护作品完整权由著作权主管部门保护。著作权中的发表权及著作财产权的保护期为作者终生及其死亡后 50 年，截止于作者死亡后第 50 年的 12 月 31 日。

以下作品的发表权和著作财产权保护期适用特殊规定：①作者生前未发表的作品，如果作者未明确表示不发表，作者死亡后 50 年内，其发表权可由继承人或者受遗赠人行使；没有继承人又无人受遗赠的，由作品原件的所有人行使；②合作作品，保护期截止于最后死亡的作者死亡后第 50 年的 12 月 31 日；③法人或者其他组织的作品、著作权由法人或者其他组织享有的职务作品、电影作品和以类似摄制电影的方法创作的作品、摄影作品，保护期截止于作品首次发表后第 50 年的 12 月 31 日，但作品自创作完成后 50 年内未发表的，不再受著作权法保护；④作者身份不明的作品，保护期截止于作品首次发表后第 50 年的 12 月 31 日。作者身份确定后，再按照前述规定确定著作权保护期。

知识点九　著作人身权概述

■ 大纲要求：了解 *

著作人身权，又被称为著作权精神权利，是作者对其创作的作品所享有的与其人身不可分割的非财产权利。从本质上说，作品是作者人格的产物，反映出作者特定的思想、观念、气质及审美，因此，对著作人身权进行保护具有正当性。著作人身权具有无期限性、不可分离性、不具有直接的财产内容等特点。

知识点十　著作人身权的主要内容

■ 大纲要求：了解 *

我国《著作权法》规定的著作人身权主要由下述权利构成。

发表权，即决定作品是否公之于众的权利。"公之于众"，是指著作权人自行或者经著作权人许可，以出版发行、广播、放映、口述、演出、网络传播等方式将作品向不特定的人公开，但不以公众知晓为构成条件。作品的发表与否由作者自行决定，任何人不得违背作者意愿擅自发表作品。发表权虽为一项著作人身权，但与著作财产权联系紧密。事实上，作者发表作品的行为，通常也是行使某种著作财产权的行为。发表权是一次性权利，作品一旦发表，作者就不能再行使发表权，他人也不可能侵犯其发表权。

　　署名权，即表明作者身份，在作品上署名的权利。只有作者有权在作品上进行署名。署名权的行使方式包括署真名、署笔名或者假名、不署名、变更署名形式等。署名权的行使应当足以使公众知晓作者与作品之间的联系，而且应当符合行业惯例及公众的认知习惯。对于演绎作品而言，原作品作者也应享有署名权。

　　修改权，即修改或者授权他人修改作品的权利。修改权的行使方式包括自己修改、授权他人修改、禁止他人修改作品等。需要注意的是，作者并不能完全禁止任何对作品的修改行为，在以下情况下，修改权受到一定的限制：其一，报社、期刊社可以对作品作文字性修改、删节，只要不涉及对内容的修改，则无须经过作者许可。其二，著作权人许可他人将其作品摄制成电影作品或者以类似摄制电影的方法创作作品的，视为已同意对其作品进行必要的改动；因影视作品的特殊艺术表现手法所做的改动，以及因政策规定、技术水平、拍摄设备等所限而进行的改动，可以认定属于必要的改动，不构成对修改权的侵犯。其三，计算机软件的合法复制品所有人有权为了把该软件用于实际的计算机应用环境或者改进其功能、性能而进行必要的修改；但是，除合同另有约定外，未经该软件著作权人许可，不得向任何第三方提供修改后的软件。

　　保护作品完整权，即保护作品不受歪曲、篡改的权利。对是否损害保护作品完整权的判断，应以所作的修改是否从根本上改变作者的原意及其所表达的思想感情为标准。作者享有的保护作品完整权也受到一定的限制。例如，如著作权人将作品著作权转让或者许可给第三人，受让人或者被许可人根据作品的性质、使用目的、使用方式可以对作品进行合理限度内的改动。判断是否属于在合理限度内的改动，应当综合考虑作品的类型、特点及创作规律、使用方式、相关政策、当事人约定、行业惯例以及是否对作品或者作者声誉造成损害等因素。

知识点十一　著作财产权概述

　　■ **大纲要求：了解** *

　　著作财产权，又被称为著作权经济权利，是指著作权人依法享有的利用或者许可他人利用其作品并获得报酬的权利。著作财产权有一定的期限限制。

知识点十二　著作财产权的主要内容

　　■ **大纲要求：了解** *

　　我国《著作权法》规定的著作财产权主要由如下权利构成。

复制权，即以印刷、复印、拓印、录音、录像、翻录、翻拍等方式将作品制作一份或者多份的权利。

发行权，即以出售或者赠与方式向公众提供作品的原件或者复制件的权利。发行权受到权利用尽原则的限制，作品的原件或者经授权制作的合法复制件一经著作权人许可首次向公众销售与赠与之后，著作权人就不能控制该原件或者复制件的再次流转，除非著作权人同时享有出租权。复制品的发行者不能证明其发行的复制品有合法来源的，应当承担法律责任。

出租权，即有偿许可他人临时使用电影作品和以类似摄制电影的方法创作的作品、计算机软件的权利，计算机软件不是出租的主要标的的除外。

展览权，即公开陈列美术作品、摄影作品的原件或者复制件的权利。这是一项仅由美术作品和摄影作品的著作权人才享有的权利。

表演权，即公开表演作品，以及用各种手段公开播送作品的表演的权利。表演权控制的行为包括现场表演和机械表演，前者指的是演员对作品现场进行的公开表演，后者指的是通过机械设备公开播放作品表演的录制品。

放映权，即通过放映机、幻灯机等技术设备公开再现美术、摄影、电影和以类似摄制电影的方法创作的作品等的权利。放映权控制的行为需要借助一定的技术设备来实现。

广播权，即以无线方式公开广播或者传播作品，以有线传播或者转播的方式向公众传播广播的作品，以及通过扩音器或者其他传送符号、声音、图像的类似工具向公众传播广播的作品的权利。广播权控制的行为包括无线广播、有线转播和公开播放广播。

信息网络传播权，即以有线或者无线方式向公众提供作品，使公众可以在其个人选定的时间和地点获得作品的权利。这里的"信息网络"，包括以计算机、电视机、固定电话机、移动电话机等电子设备为终端的计算机互联网、广播电视网、固定通信网、移动通信网等信息网络，以及向公众开放的局域网络。这里的"提供"指的是使不特定的公众具有获得作品的可能性，至于公众是否实际获得该作品，则在所不问。

改编权，即改变作品，创作出具有独创性的新作品的权利。侵犯改编权不以作品体裁、类型的变化为要件，同种体裁的作品之间也可能存在改编关系。与复制权不同，改编权控制的行为应当贡献了新的独创性表达，进而形成新的具有独创性的作品。

摄制权，即以摄制电影或者以类似摄制电影的方法将作品固定在载体上的权利。这是原作者享有的一项权利，而不是电影作品作者所享有的权利。

　　翻译权，即将作品从一种语言文字转换成另一种语言文字的权利。翻译权是原作者享有的一项权利，而不是翻译作品作者所享有的权利。

　　汇编权，即将作品或者作品的片段通过选择或者编排，汇集成新作品的权利。著作权人向报纸、期刊等定期出版物投稿，可以认为同时许可报纸、期刊对作品进行汇编。汇编作品的著作权独立于被汇编作品的著作权。

　　除上述具体权利之外，《著作权法》还设置了"其他权利"这一兜底条款，以将尚未类型化但应当为著作权人控制的权利赋予著作权人，从而回应社会发展的新需求。

知识点十三　著作权与邻接权的关系

■ 大纲要求：了解 *

　　"邻接权"，又称"相关权""作品传播者权"，在我国《著作权法》中被称为"与著作权有关的权益"。邻接权是著作权法为某些不足以达到作品所要求的独创性的客体所创设的一种类似于著作权的权利。

　　邻接权与著作权既相互联系又存在区别。邻接权保护的客体虽未达到著作权所要求的独创性，但也属于文学、艺术、科学领域内的智力成果，《著作权法》对著作权的部分规定，如合理使用等，对邻接权也适用。但与著作权主要基于创作行为而产生不同，邻接权主要基于传播行为而产生。我国《著作权法》规定的邻接权主要包括出版者对其出版的图书和期刊的版式设计享有的权利，表演者对其表演享有的权利，录音录像制作者对其制作的录音录像制品享有的权利，以及广播电台、电视台对其播放的广播、电视节目享有的权利。邻接权人行使权利，不得损害被使用作品和原作品著作权人的权利。

知识点十四　邻接权的主要内容

■ 大纲要求：了解 *

1. 出版者

　　出版者所享有的邻接权，主要指的是版式设计权。版式设计是指对印刷品的版面格式的设计，包括对版心、排式、用字、行距、标点等版面布局因素的安排。我国《著作权法》规定，出版者有权许可或者禁止他人使用其出版的图书、期刊的版式设计。此项权利的保护期为 10 年，截止于使用该版式设计的图书、期刊首次出版后第 10

年的 12 月 31 日。

2. 表演者

表演者，是指演员、演出单位或者其他表演文学、艺术作品的人。表演者对其表演享有的权利，不以表演的文学、艺术作品仍在著作权保护期内为限。但是，若表演的对象并非文学、艺术作品，则不构成著作权法意义上的表演者。对于表演者在不同场合进行的多次表演，表演者就每次表演分别享有表演者权。表演者对其表演享有的权利如下：

①表明表演者身份的权利。这是表演者享有的一项重要的人身权，类似于作者享有的署名权。

②保护表演形象不受歪曲的权利。表演者享有防止表演形象受到歪曲、篡改的权利，这一权利类似于作者享有的保护作品完整权，对于维护表演者声誉具有重要意义。

③许可他人从现场直播和公开传送其现场表演，并获得报酬的权利。这是表演者享有的一项重要的财产权。这一权利控制的是对现场表演的实时播放行为，强调表演行为与传播行为在时间上的同一性。

④许可他人录音录像，并获得报酬的权利。对表演来说，录音录像是最常见的固定方式，因此这一权利也可被理解为"首次固定权"。

⑤许可他人复制、发行录有其表演的录音录像制品，并获得报酬的权利；以及许可他人通过信息网络向公众传播其表演，并获得报酬的权利。表演者享有的对已录制为录音录像制品的表演的财产权仅能控制未经授权的复制、发行、信息网络传播行为，不能控制机械表演和广播等行为。

以上表演者享有的权利中，人身权的保护期不受限制，财产权的保护期为 50 年，截止于该表演发生后第 50 年的 12 月 31 日。

3. 录音录像制作者

录音录像制作者权，是指录音、录像制品的制作者对其制作的录音、录像制品享有的专有权利。录音录像制作者对其制作的录音录像制品享有许可他人复制、发行、出租、通过信息网络向公众传播并获得报酬的权利。录像制作者还享有许可电视台播放的权利，但录音制作者并不享有这一权利。因此，广播电台、电视台使用录音制品，无须经过录音制作者许可，也无须向录音制作者支付报酬。

4. 广播电台、电视台

广播电台、电视台享有的权利，即广播组织权。广播组织权的客体是广播组织播放节目的信号，而不是广播电视节目。广播电视节目构成作品的，可以获得著作权保护，但这并不影响广播电台、电视台基于对广播电视节目的播放行为而对播放信号获得的权利。

广播电台、电视台享有转播权，有权禁止未经许可转播其播放的广播、电视的行为。"转播"指的是一个广播组织同时播放另一个广播组织的广播电视节目。广播组织享有的转播权可以控制以有线和无线方式进行的转播，但是不能控制通过互联网进行的转播，也不能控制饭店、超市等公共场所通过扩音器或者电视机接收信号，使在场的公众能够欣赏到广播电台、电视台正在播出的作品的行为。

广播电台、电视台还享有录制权和复制权，有权禁止未经许可将其播放的广播、电视录制在音像载体上以及复制音像载体的行为。录制指的是将广播电台、电视台播出的节目固定在有形物质载体上，复制指的是对已固定的节目的再次复制。

上述权利的保护期为 50 年，截止于该广播、电视首次播放后第 50 年的 12 月 31 日。

知识点十五　著作权权利限制概述

■ **大纲要求：了解** ∗

为了在著作权保护与社会公众利益之间取得平衡，著作权法在赋予权利的同时，也规定了一系列权利限制条款。本部分主要就合理使用和法定许可这两种权利限制制度进行分析。

知识点十六　著作权权利限制的主要内容

■ **大纲要求：了解** ∗

1. 合理使用

合理使用，指的是自然人、法人或者其他组织根据法律规定，可以不经著作权人或者邻接权人许可，使用他人已发表作品，且无须支付报酬的一项制度。一般来说，构成合理使用的情形仅限于某些特殊情况，且使用行为不得影响该作品的正常使用，且不得不合理地损害著作权人的合法利益。

根据我国《著作权法》及相关法律、法规的规定，以下情形构成合理使用：

1）为个人学习、研究或者欣赏，使用他人已经发表的作品。这又被称为"个人使用"的合理使用。

2）为介绍、评论某一作品或者说明某一问题，在作品中适当引用他人已经发表的作品。

3）为报道时事新闻，在报纸、期刊、广播电台、电视台等媒体中不可避免地再现或者引用已经发表的作品。

4）报纸、期刊、广播电台、电视台等媒体刊登或者播放其他报纸、期刊、广播电台、电视台等媒体已经发表的关于政治、经济、宗教问题的时事性文章，但作者声明不许刊登、播放的除外。

5）报纸、期刊、广播电台、电视台等媒体刊登或者播放在公众集会上发表的讲话，但作者声明不许刊登、播放的除外。

6）为学校课堂教学或者科学研究，翻译、少量复制或者通过信息网络提供已经发表的作品，供教学或者科研人员使用，但不得出版发行。

7）国家机关为执行公务在合理范围内使用已经发表的作品。

8）图书馆、档案馆、纪念馆、博物馆、美术馆等为陈列或者保存版本的需要，复制本馆收藏的作品，以及通过信息网络向本馆馆舍内服务对象提供本馆收藏的合法出版的数字作品和依法为陈列或者保存版本的需要以数字化形式复制的作品。

9）免费表演已经发表的作品，该表演未向公众收取费用，也未向表演者支付报酬。

10）对设置或者陈列在室外公共场所的艺术作品进行临摹、绘画、摄影、录像。

11）将中国公民、法人或者其他组织已经发表的以汉语言文字创作的作品翻译成少数民族语言文字作品在国内出版发行或者通过信息网络提供。

12）将已经发表的作品改成盲文出版。

上述规定适用于对出版者、表演者、录音录像制作者、广播电台、电视台的权利的限制。

2. 法定许可

法定许可，指的是自然人、法人或者其他组织根据法律规定，可以不经著作权人许可而使用其作品，但应该按照规定支付报酬的制度。法定许可制度能够一方面简化许可程序，促进作品的及时传播和广泛利用，另一方面保障著作权人获取报酬的权利，是平衡著作权人权利与社会公众信息获取自由的一项重要制度。

根据我国《著作权法》及相关法律、法规的规定，以下情形适用法定许可：

1）为实施九年制义务教育和国家教育规划而编写出版教科书，在教科书中汇编已经发表的作品片段或者短小的文字作品、音乐作品或者单幅的美术作品、摄影作品，但作者事先声明不许使用的除外，且应指明作者姓名、作品名称，并且不得侵犯著作权人依照本法享有的其他权利。

2）通过信息网络实施九年制义务教育或者国家教育规划，使用已经发表作品的片段或者短小的文字作品、音乐作品或者单幅的美术作品、摄影作品制作课件，由制作课件或者依法取得课件的远程教育机构通过信息网络向注册学生提供。

3）作品在报刊上刊登后，其他报刊转载或者作为文摘、资料刊登，但著作权人声明不得转载、摘编的除外。

4）录音制作者使用他人已经合法录制为录音制品的音乐作品制作录音制品，但著作权人声明不许使用的除外。

5）广播电台、电视台播放他人已发表的作品。

6）广播电台、电视台播放已经出版的录音制品，但当事人另有约定的除外。

7）为扶助贫困，通过信息网络向农村地区的公众免费提供中国公民、法人或者其他组织已经发表的种植养殖、防病治病、防灾减灾等与扶助贫困有关的作品和适应基本文化需求的作品，但著作权人不同意提供的除外，且网络服务提供者应当在提供前30日公告拟提供的作品及其作者、拟支付报酬的标准，并不得直接或间接获得经济利益。

知识点十七　侵犯著作权的行为：民事侵权行为

■ 大纲要求：掌握 ＊＊＊＊

我国《著作权法》规定的著作权民事侵权行为包括如下类型：

1）未经著作权人许可，发表其作品的。

2）未经合作作者许可，将与他人合作创作的作品当作自己单独创作的作品发表的。

3）没有参加创作，为谋取个人名利，在他人作品上署名的。

4）歪曲、篡改他人作品的。

5）剽窃他人作品的。

6）未经著作权人许可，以展览、摄制电影和以类似摄制电影的方法使用作品，或者以改编、翻译、注释等方式使用作品的，《著作权法》另有规定的除外。

7）使用他人作品，应当支付报酬而未支付的。

8）未经电影作品和以类似摄制电影的方法创作的作品、计算机软件、录音录像制品的著作权人或者与著作权有关的权利人许可，出租其作品或者录音录像制品的，《著作权法》另有规定的除外。

9）未经出版者许可，使用其出版的图书、期刊的版式设计的。

10）未经表演者许可，从现场直播或者公开传送其现场表演，或者录制其表演的。

11）其他侵犯著作权以及与著作权有关的权益的行为。

知识点十八 侵犯著作权的行为：行政违法行为

■ **大纲要求：掌握 * * * ***

根据我国《著作权法》的规定，以下著作权民事侵权行为在损害公共利益的情况下，构成行政违法：

1）未经著作权人许可，复制、发行、表演、放映、广播、汇编、通过信息网络向公众传播其作品的，《著作权法》另有规定的除外。

2）出版他人享有专有出版权的图书的。

3）未经表演者许可，复制、发行录有其表演的录音录像制品，或者通过信息网络向公众传播其表演的，《著作权法》另有规定的除外。

4）未经录音录像制作者许可，复制、发行、通过信息网络向公众传播其制作的录音录像制品的，《著作权法》另有规定的除外。

5）未经许可，播放或者复制广播、电视的，《著作权法》另有规定的除外。

6）未经著作权人或者与著作权有关的权利人许可，故意避开或者破坏权利人为其作品、录音录像制品等采取的保护著作权或者与著作权有关的权利的技术措施的，法律、行政法规另有规定的除外。

7）未经著作权人或者与著作权有关的权利人许可，故意删除或者改变作品、录音录像制品等的权利管理电子信息的，法律、行政法规另有规定的除外。

8）制作、出售假冒他人署名的作品的。

除上述《著作权法》中明确列举的行为之外，下述行为也构成行政违法：

1）通过信息网络向公众提供明知或者应知未经权利人许可而被删除或者改变权利管理电子信息的作品、表演、录音录像制品的。

2）故意制造、进口或者向他人提供主要用于避开、破坏技术措施的装置或者部件，或者故意为他人避开或者破坏技术措施提供技术服务的。

3）通过信息网络提供他人的作品、表演、录音录像制品，未指明作品、表演、录音录像制品的名称或者作者、表演者、录音录像制作者的姓名（名称），或者未支付报酬，或者未依照《信息网络传播权保护条例》规定采取技术措施防止服务对象以外的其他人获得他人的作品、表演、录音录像制品，或者未防止服务对象的复制行为对权利人利益造成实质性损害的。

4）为扶助贫困通过信息网络向农村地区提供作品、表演、录音录像制品超过规定范围，或者未按照公告的标准支付报酬，或者未在提供前公告作品、表演、录音录像制品的名称和作者、表演者、录音录像制作者的姓名（名称）以及报酬标准的，或者在权利人不同意提供其作品、表演、录音录像制品后未立即删除的。

5）网络服务提供者无正当理由拒绝提供或者拖延提供涉嫌侵权的服务对象的姓名（名称）、联系方式、网络地址等资料的。

6）其他有关著作权法律、法规、规章规定的应给予行政处罚的违法行为。

知识点十九　侵犯著作权的行为：刑事犯罪行为

■ 大纲要求：掌握＊＊＊＊

上述行政违法行为，情节严重的，可能构成犯罪。

根据我国《刑法》，以营利为目的从事下列行为，可能构成侵犯著作权罪：

1）未经著作权人许可，复制发行其文字作品、音乐、电影、电视、录像作品、计算机软件及其他作品的。

2）出版他人享有专有出版权的图书的。

3）未经录音录像制作者许可，复制发行其制作的录音录像的。

4）制作、出售假冒他人署名的美术作品的。

侵犯著作权罪的成立以违法所得数额较大或者有其他严重情节为定罪条件，以违法所得数额巨大或者有其他特别严重情节为加重处罚条件。其中，违法所得数额在3万元以上的，属于"违法所得数额较大"；具有下列情形之一的，属于"有其他严重情节"：

①非法经营数额在5万元以上的。

②未经著作权人许可，复制发行其文字作品、音乐、电影、电视、录像作品、计算机软件及其他作品，复制品数量合计在500张（份）以上的。

③其他严重情节的情形。违法所得数额在15万元以上的，属于"违法所得数额巨大"。

具有下列情形之一的，属于"有其他特别严重情节"：

①非法经营数额在 25 万元以上的。

②未经著作权人许可，复制发行其文字作品、音乐、电影、电视、录像作品、计算机软件及其他作品，复制品数量合计在 2500 张（份）以上的。

③其他特别严重情节的情形。

对于通过信息网络传播侵权作品的行为，具有下列情形之一的，属于"其他严重情节"：

①非法经营数额在 5 万元以上的。

②传播他人作品的数量合计在 500 件（部）以上的。

③传播他人作品的实际被点击数达到 5 万次以上的。

④以会员制方式传播他人作品，注册会员达到 1000 人以上的。

⑤数额或者数量虽未达到第①项至第④项规定标准，但分别达到其中两项以上标准一半以上的。

⑥其他严重情节的情形。

实施前款规定的行为，数额或者数量达到前款第①项至第⑤项规定标准 5 倍以上的，属于"其他特别严重情节"。

根据我国《刑法》，以营利为目的，销售明知属于上述规定的侵权复制品，违法所得数额巨大的，构成销售侵权复制品罪。违法所得数额在 10 万元以上的，属于"违法所得数额巨大"。

对于实施侵犯著作权犯罪，又销售该侵权复制品，构成犯罪的，应当以侵犯著作权罪定罪处罚。实施侵犯著作权犯罪，又销售明知是他人的侵权复制品，构成犯罪的，应当实行数罪并罚。明知他人实施侵犯著作权罪或者销售侵权复制品罪，而为其提供贷款、资金、账号、发票、证明、许可证件，或者提供生产、经营场所或者运输、储存、代理进出口等便利条件、帮助的，以上述犯罪的共犯论处。

知识点二十　著作权侵权的法律责任：民事责任

■ 大纲要求：熟悉＊＊＊

著作权侵权的民事责任包括停止侵害、赔偿损失、消除影响、赔礼道歉等。

停止侵害，又被称为"禁令救济"，是最常见的制止侵权行为的救济方式。对于正在实施的侵犯著作权、邻接权的行为，被侵权人有权要求人民法院责令侵权人立即停止侵权行为，无论侵权人是否具有主观故意或者过失。禁令分为临时禁令和永久禁令，临时禁令是一种行为保全措施。我国《著作权法》规定，著作权人或者与著作权有关的权利人有证据证明他人正在实施或者即将实施侵犯其权利的行为，如不及时制止将会使其合法权益受到难以弥补的损害的，可以在起诉前向人民法院申请采取责令停止有关行为和财产保全的措施。

赔偿损失，是指人民法院确定著作权侵权成立后，判决侵权人对权利人的实际损失进行赔偿，这是一种较普遍适用的带有财产内容的民事责任承担方式。

对于侵犯著作权人的发表权、署名权、修改权、保护作品完整权，侵犯表演者的表明表演者身份的权利、保护表演形象不受歪曲的权利的，可要求侵权人承担赔礼道歉、消除影响的民事责任。

知识点二十一 著作权侵权的法律责任：行政责任

■ 大纲要求：熟悉＊＊＊

对于构成著作权行政违法的行为，著作权主管部门可以采取警告，责令停止侵权行为，没收违法所得，没收、销毁侵权复制品的行政措施，并可处以罚款；情节严重的，著作权主管部门还可以没收主要用于制作侵权复制品的材料、工具、设备等。非法经营额5万元以上的，著作权主管部门可处非法经营额1倍以上5倍以下的罚款；没有非法经营额或者非法经营额5万元以下的，著作权主管部门根据情节轻重，可处25万元以下的罚款。具有下列情形之一的，属于"情节严重"：①违法所得数额（即获利数额）2500元以上的；②非法经营数额在15000元以上的；③经营侵权制品在250册（张或份）以上的；④因侵犯著作权曾经被追究法律责任，又侵犯著作权的；⑤造成其他重大影响或者严重后果的。

知识点二十二 著作权侵权的法律责任：刑事责任

■ 大纲要求：熟悉＊＊＊

对于构成侵犯著作权罪的情形，违法所得数额较大或者有其他严重情节的，处3年以下有期徒刑或者拘役，并处或者单处罚金；违法所得数额巨大或者有其他特别严重情节的，处3年以上7年以下有期徒刑，并处罚金。对于构成销售侵权复制品罪的情形，违法所得数额巨大的，处3年以下有期徒刑或者拘役，并处或者单处罚金。罚金数额一般在违法所得的1倍以上5倍以下，或者按照非法经营数额的50%以上1倍以下确定。

对于侵犯著作权罪和销售侵权复制品罪，符合刑法规定的缓刑条件的，依法适用缓刑。但是，有下列情形之一的，一般不适用缓刑：①因侵犯知识产权被刑事处罚或者行政处罚后，再次侵犯知识产权构成犯罪的；②不具有悔罪表现的；③拒不交出违法所得的；④其他不宜适用缓刑的情形。

第九章 · CHAPTER 9

地理标志

一、基本内容框架

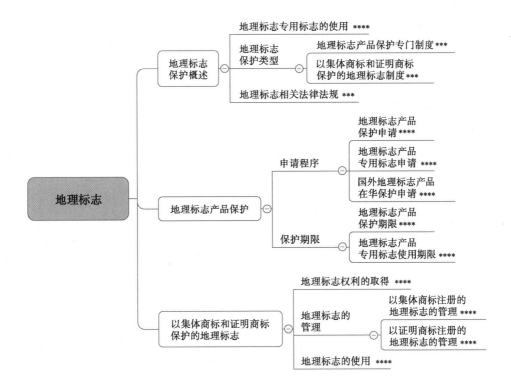

二、主要知识点

（一）掌握 ＊ ＊ ＊ ＊

1. 地理标志专用标志的使用
2. 地理标志产品保护的申请程序
3. 地理标志产品保护期限
4. 地理标志权利的取得
5. 地理标志权利的管理
6. 地理标志权利的使用

（二）熟悉 ＊ ＊ ＊

7. 地理标志保护类型
8. 地理标志相关法律法规

三、知识点解析

知识点一 **地理标志专用标志的使用**

■ **大纲要求：掌握** ＊ ＊ ＊ ＊

使用者	地理标志产品产地范围内的生产者
审批部门	知识产权管理部门
使用程序	按照规定的程序提出申请
	提交相应的材料
	经审查合格注册登记后发布公告
三个要点	官方标志
	统一的地理标志专用标志
	原标志使用过渡期至 2020 年 12 月 31 日
具体样式	
依据文件	《深化党和国家机构改革方案》
	《中华人民共和国民法总则》
	《中华人民共和国商标法》
	《中华人民共和国商标法实施条例》
	《地理标志产品保护规定》
	《集体商标、证明商标注册和管理办法》

知识点二 **地理标志产品保护专门制度**

■ **大纲要求：熟悉** ＊ ＊ ＊

地理标志保护的类型主要有地理标志产品保护专门制度、以集体商标和证明商标保护的地理标志制度两类。

1. 地理标志产品的含义

地理标志产品，是指产自特定地域，其所具有的质量、声誉或其他特性本质上取决于该产地的自然因素和人文因素，经审核批准以地理名称进行命名的产品。

地理标志产品包括：①来自本地区的种植、养殖产品；②原材料全部来自本地区或部分来自其他地区，并在本地区按照特定工艺生产和加工的产品。

2. 地理标志产品保护专门制度

地理标志产品保护专门保护制度主要是基于产品质量特色与产地相关因素之间存在的客观关联性。

原则：申请自愿、受理及批准公开。

制度：审核批准和注册登记。

环节和职责分配	要点
申请	程序：依照相应程序、提交规定材料至知识产权管理部门审核
	产品要求：符合安全、卫生、环保的要求
使用	依照相应规定注册登记、接受监督管理
职责	国家知识产权局：统一管理全国地理标志产品保护
	省级知识产权管理部门：监督本地地理标志保护体系的运行，即监督管理地理标志产品的产地范围、产品名称、原材料、生产技术工艺、质量特色、质量等级、数量、包装、标识、产品专用标志的印刷、发放、数量、使用情况、产品生产环境、生产设备、产品标准符合性等
	产品所在地人民政府：地理标志产品的标准体系、监测体系和质量保证体系的规划和实施

知识点三　以集体商标和证明商标保护的地理标志制度

■ **大纲要求：熟悉** ＊ ＊ ＊

1. 相关法条

1)《商标法》第10条第2款。

2)《商标法》第16条第1款。

3)《商标法实施条例》第4条。

2. 相关单位及职责

1）国家知识产权局：负责注册核准。

2）证明商标或集体商标权人：对其商标应进行有效管理或者控制，保证该商标使用的商品达到其使用管理规则的要求。

3. 商标使用

1）集体商标的使用：商品符合使用该地理标志条件的自然人、法人或者其他组织均可以正当使用该地理标志，任何组织无权禁止；也可以要求参加该地理标志作为集体商标注册的团体、协会或者其他组织，上述组织应依据其章程接纳为会员。

2）证明商标的使用：商品符合使用该地理标志条件的自然人、法人或者其他组织可以要求使用该证明商标，控制该证明商标的组织应当允许。

知识点四　地理标志相关法律法规

■ **大纲要求：熟悉** ＊＊＊

1. 商标法框架下的相关法律法规

1）2001 年修订的《商标法》，引入地理标志定义，明确地理标志可以作为集体商标、证明商标进行注册。

2）《商标法实施条例》《集体商标、证明商标注册和管理办法》。

2. 国家质量技术监督局其他相关法律法规

1）1999 年，原国家质量技术监督局发布的《原产地域产品保护规定》，是我国第一部实施专门保护地理标志产品的部门规章。

2）2005 年，原国家质量监督检验检疫总局修订发布了《地理标志产品保护规定》。对地理标志产品的定义、组织、申请受理、审核批准、专有标志保护审核监督等进行了保护。

3）2016 年，原国家质量监督检验检疫总局结合我国国际保护的实践，印发了《国外地理标志产品保护办法》。

4）2019 年 11 月，国家知识产权局结合机构改革的要求，回应国际关注，发布公告对《国外地理标志产品保护办法》作出修改。

知识点五　地理标志产品保护申请

■ **大纲要求：掌握** ＊＊＊＊

1. 申请主体

当地县级以上人民政府指定的地理标志产品保护申请机构或人民政府认定的协会

和企业。

2. 申请程序

步骤 1：申请人向当地（县级或县级以上）知识产权管理部门报送。

步骤 2：省级知识产权管理部门提出初审意见。

步骤 3：国家知识产权局审核。

3. 材料和文件

1）有关地方政府关于划定地理标志产品产地范围的建议。

①县域范围内的，由县级人民政府提出产地范围的建议。

②跨县域范围的，由地市级人民政府提出产地范围的建议。

③跨地市范围或重大产品的，由省级人民政府提出产地范围的建议。

2）有关地方政府建立申请、保护机制。

3）地理标志产品的证明材料。

①地理标志产品保护申请书。

②产品名称、类别、产地范围及地理特征的说明。

③产品的理化、感官等质量特色及其与产地的自然因素和人文因素之间关系的说明。

④产品生产技术规范（包括产品加工工艺、安全卫生要求、加工设备的技术要求等）。

⑤产品的知名度，产品生产、销售情况及历史渊源的说明。

⑥拟申请的地理标志产品的技术标准。

知识点六　地理标志产品专用标志申请

■ **大纲要求：掌握** ＊＊＊＊

1. 申请主体

地理标志产品产地范围内的生产者。

2. 申请程序

步骤 1：向批准公告中确定的当地知识产权管理部门提出申请。

步骤 2：经知识产权管理部门审查合格注册登记。

步骤 3：由国家知识产权局核准发布。

3. 申请材料

1）标志使用申请书。

2）地理标志产品相应的国家标准、地方标准或管理规范。

3）有关产品质量检验机构出具的检验报告。

4. 产品标准

1）制定依据：产品的类别、范围、知名度、产品的生产销售等方面的因素。

2）国家标准：国家标准化行政主管部门组织草拟并发布的标准。

3）地方标准：省级地方人民政府标准化行政主管部门组织草拟并发布的标准。

知识点七　国外地理标志产品在华保护申请

■ **大纲要求：掌握＊＊＊＊**

1. 申请主体和联系人

申请主体：该产品所在原产国或地区地理标志保护的原申请人。

联系人：原申请人在华机构工作人员；申请原产国或地区官方驻华代表机构工作人员。

2. 申请程序

步骤 1：原申请人申请。

步骤 2：经原产国或地区地理标志主管部门推荐，向国家知识产权局提出申请。

步骤 3：国家知识产权局核准发布。

3. 申请材料

申请材料采用中文材料。

1）申请书。

2）申请人名称和地址、联系电话，在华联系人、地址和联系电话。

3）在原产国或地区获准地理标志保护的官方证明文件原件及其经过公证的中文译本。

4）原产国或地区地理标志主管机构出具的产地范围及其经过公证的中文译本。

5）该产品的质量技术要求。

①产品的中文名称和原文名称。

②保护的产地范围。

③产品属性及其生产工艺过程。

④质量特色，产品的感官特色、理化指标等。

⑤知名度，产品在原产国（地区）、中国以及世界其他国家和地区的知名度与贸易销售情况。

⑥关联性，产品质量特色与产地自然或人文因素之间关联性的描述等。

6）检测报告及其经过公证的中文译本。

7）其他辅助证明资料等。

知识点八 　地理标志产品保护期限

■ **大纲要求：掌握＊＊＊＊**

1. 国内地理标志产品

永久有效、无须续展。

2. 获得在华保护的国外地理标志产品

永久有效，满足下列条件之一即可撤销：

1）任何单位或个人可以请求国家知识产权局予以撤销，并提供相关证据材料。

2）地理标志产品在原产国或地区被撤销保护的。

3）在中国境内属于通用名称或演变为通用名称的。

4）存在严重违反中国相关法律法规相关规定情形的。

知识点九 　地理标志产品专用标志使用期限

■ **大纲要求：掌握＊＊＊＊**

获准使用地理标志产品专用标志资格的生产者，存在下列情形之一的，国家知识产权局将注销其地理标志产品专用标志使用注册登记，停止其使用地理标志产品专用标志并对外公告：

1）未按相应标准和管理规范组织生产的。

2）在 2 年内未在受保护的地理标志产品上使用专用标志的。

知识点十　作为集体商标或证明商标的地理标志权利的取得

■ **大纲要求：掌握＊＊＊＊**

1. 申请主体

来自该地理标志标示地区的生产经营者。

2. 申请程序

1）申请人向国家知识产权局提出注册申请并提交相关文件。

2）国家知识产权局受理申请，进行形式审查。

3）国家知识产权局进行实质审查。实质审查的内容包括：

①是否属于禁用标志。

②是否具有显著性。

③是否与在先权利冲突。

④是否符合《商标法》第 16 条第 2 款的规定。

4）国家知识产权局发布初步审定公告。公告的内容：该集体商标、证明商标使用规则的全文或摘要。

5）国家知识产权局核准注册并予以公告。时间范围：在初步审定公告的 3 个月内。

3. 申请材料

1）主体资格证明文件和详细说明其所具有的或其委托的机构具有的专业技术人员和专业检测设备等情况。

2）该地理标志所标示地区县级以上人民政府或行业主管部门的批准文件。

3）地理标志所标示的商品的地区范围、商品的特定质量、信誉或其他特征；该商品的特征与该地区自然因素和人文因素的关系。

4）集体、证明商标使用管理规则。

知识点十一　以集体商标注册的地理标志权利的管理

■ **大纲要求：掌握＊＊＊＊**

注册人的义务：

1）详细说明该集体组织成员的名称和地址。

2）集体组织成员发生变化的，注册人应向国家知识产权局申请变更注册事项，并由国家知识产权局公告。

3）无权禁止商品符合使用该地理标志条件的自然人、法人或者其他组织正当使用该地理标志；必须依据章程接纳商品符合使用该地理标志条件的自然人、法人或者其他组织作为会员的要求。

知识点十二 以证明商标注册的地理标志权利的管理

■ **大纲要求：掌握 ＊ ＊ ＊ ＊**

注册人的义务：

1）允许符合使用该地理标志条件的自然人、法人或其他组织使用该证明商标。

2）不得在自己提供的商品上使用该证明商标。

3）许可他人使用其证明商标的，应在 1 年内将其使用许可报国家知识产权局备案，如备案符合规定，国家知识产权局予以备案并公告。备案材料包括：

①许可人信息。

②被许可人信息。

③许可期限。

④许可使用的商品范围等。

知识点十三 以集体商标、证明商标注册地理标志权利的使用

■ **大纲要求：掌握 ＊ ＊ ＊ ＊**

1. 使用期限

1）有效期 10 年。

2）需继续使用的可办理续展，每次续展注册的有效期为 10 年。

2. 无效

该集体商标、证明商标被宣告无效，国家知识产权局予以公告，该集体商标、证明商标的注册商标专用权视为自始即不存在。

3. 撤销

该集体商标、证明商标被撤销，国家知识产权局予以公告，该集体商标、证明商标的注册商标专用权自公告之日起终止。

第十章·
商业秘密

CHAPTER 10

一、基本内容框架

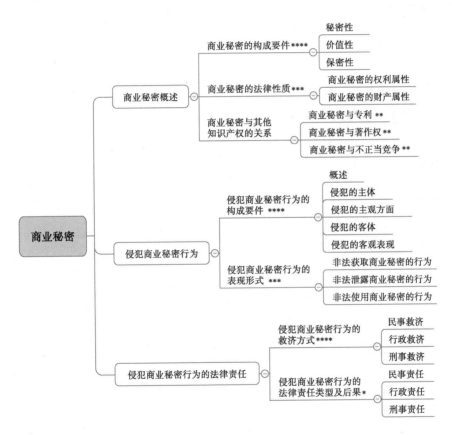

二、主要知识点

（一）掌握＊＊＊＊

1. 商业秘密的构成要件

2. 侵犯商业秘密行为的构成

3. 侵犯商业秘密行为的救济方式

（二）熟悉＊＊＊

4. 商业秘密的法律性质

5. 侵犯商业秘密行为的表现形式

（三）辨析/比较＊＊

6. 商业秘密与专利的联系、区别

7. 商业秘密与作品、计算机软件的关系

8. 商业秘密与不正当竞争的关系

（四）了解＊

9. 侵犯商业秘密行为的法律责任类型及后果

三、知识点解析

知识点一　**商业秘密的构成要件**

■ **大纲要求：掌握** ＊＊＊＊

商业秘密的概念	商业秘密是指不为公众所知悉、具有商业价值并经权利人采取相应保密措施的技术信息、经营信息等商业信息	
商业秘密的构成要件	秘密性	含义：又被称为"非公知性"，它是指商业秘密应当是非公开的、不为公众所知悉的信息
		判断：商业秘密的"秘密性"是"相对的"，而不是"绝对的"
	价值性	含义：是指该信息具有确定的可应用性，能为权利人带来现实的或者潜在的经济利益或者竞争优势
		判断：商业秘密的"价值性"是指信息具有客观的商业价值，但不能以权利人"主观上认为有价值"来确定
	保密性	含义：是指权利人采取的与商业秘密信息相适应的合理的保密措施
		判断：采取保密措施不要求是绝对的、无懈可击的，只要是合理的、适当的即可

知识点二　**商业秘密的法律性质**

■ **大纲要求：熟悉** ＊＊＊

商业秘密在法律上并不属于设权模式的保护客体，法理上可以把商业秘密理解为广义的权利客体，《民法典》第123条把"商业秘密"作为知识产权的客体，也是从广义上而言的。商业秘密是重要的财产形式，具有物质财富的内容。商业秘密能为所有人带来现实的或潜在的经济利益或竞争优势，具有现实或潜在的商业价值。并且，这种商业价值可予以经济评价。此外，商业秘密还可以成为市场交易的标的，权益可以移转。商业秘密完全符合经济学上对财产的定义，也具备司法上财产权的特征和属性。

知识点三　**侵犯商业秘密行为的构成要件**

■ **大纲要求：掌握** ＊ ＊ ＊ ＊

主体	含义	侵犯商业秘密的主体是指侵犯商业秘密的行为人
	判断	经营者和非经营者
主观方面	含义	侵犯商业秘密的主观方面是指行为人实施侵犯商业秘密行为时的主观心理状态
	判断	主观心理状态体现为故意或者过失
客体	含义	侵犯商业秘密的客体是指商业秘密所有人对其商业秘密所享有的财产利益以及与此相关的商业自由和诚实商业习惯
客观表现	含义	侵犯商业秘密的客观表现是指行为人违反法律规定，以不正当手段侵犯他人商业秘密的行为
	判断	界定商业秘密本身以及不正当手段，并排除合法行为

知识点四　**侵犯商业秘密行为的表现形式**

■ **大纲要求：熟悉** ＊ ＊ ＊

非法获取商业秘密的行为具体包括：①以盗窃、贿赂、欺诈、胁迫、电子侵入或者其他不正当手段获取他人的商业秘密；②教唆、引诱、帮助他人违反保密义务或者违反权利人有关保守商业秘密的要求，非法获取他人的商业秘密；③第三人明知或者应知商业秘密是以不正当手段获取的，仍然获取该商业秘密。

非法披露商业秘密的行为具体包括：①以盗窃、贿赂、欺诈、胁迫、电子侵入或者其他不正当手段获取他人商业秘密的行为人将该商业秘密非法披露给他人；②从合法途径获取商业秘密的行为人，违反保密义务或者违反权利人有关保守商业秘密的要求，将该商业秘密非法披露给他人；③第三人明知或者应知其所掌握的商业秘密是以不正当手段获取的，仍然将该商业秘密披露给他人。

非法使用商业秘密的行为具体包括：①以不正当手段获取商业秘密的行为人自己使用或者允许他人使用该商业秘密；②从合法途径获取商业秘密的行为人，违反保密义务或者违反权利人有关保守商业秘密的要求，擅自使用或者允许他人使用该商业秘密；③第三人明知或者应知其所掌握的商业秘密是以不正当手段获取的，仍然使用该商业秘密。

知识点五　**侵犯商业秘密行为的救济方式**

■ **大纲要求：掌握＊＊＊＊**

民事救济	含义	指商业秘密权利人的利益受到侵害后，为了弥补其所遭受的利益损失而采取的民事补救措施
	内容	民事救济以反不正当竞争法的保护为主，通过制止侵权行为、追究损害赔偿责任等方式来保护商业秘密权利人的利益
行政救济	含义	行政救济是以国家公权力制止侵犯商业秘密的行为，具有高效、便捷、成本低等特点
	内容	包括行政检查、行政处罚、采取行政强制措施等方式
刑事救济	含义	依法追究侵犯商业秘密行为人的刑事责任
	内容	商业秘密的刑事救济途径包括公诉和自诉

知识点六　**商业秘密与专利的联系、区别**

■ **大纲要求：辨析/比较＊＊**

1. 商业秘密与专利的联系

专利主要指的是具备新颖性、创造性和实用性的技术方案。一项技术方案要想以专利的形式获得法律保护，必须要公开。"以公开换授权"，是专利的最主要特征之一。并且，专利保护是有期限的，期限届满之后，公众便可以自由利用。

对技术方案的保护并非只有专利一种选择，它还可以作为技术秘密而获得商业秘密模式的保护。

实践中，一项技术方案在申请专利之前或申请专利未公开之前都应当作为商业秘密加以保护。一项技术方案或者若干项关联的技术方案还可以将部分内容申请专利，而将其他内容作为商业秘密加以保护。

2. 商业秘密与专利的区别

商业秘密和专利相比，在以下方面有所区别：

1）完整性不同。商业秘密并不要求是一项绝对完整的技术方案，但申请专利的技术方案要求必须是完整的技术方案。

2）秘密性不同。商业秘密必须是非公开的、不为公众所知悉的信息。但申请专利的技术方案必须要公开。"以公开换授权"，是专利的最主要特征之一。

3）排他性不同。商业秘密不应获得绝对的排他效力。但专利权具有绝对的排他性。

4）程序性不同。商业秘密获得法律保护并不需要经过法定的程序。但专利权必须要经过法定的程序进行申请并审查后才能取得。

5）期限性不同。商业秘密可以享有无限期的保护。但专利权具有法定的保护期限。

知识点七 商业秘密与著作权的关系

■ **大纲要求：大纲要求：辨析/比较＊＊**

1. 商业秘密与作品的关系

著作权法所称作品，是指文学、艺术和科学领域内具有独创性并能以某种有形形式复制的智力成果。著作权法所保护的作品是思想的表达形式。对商业秘密信息的表达，如果构成著作权法意义上的作品，便可以获得著作权法的保护。对于未发表的作品中包含的信息，也可能符合商业秘密的构成要件，那么也可以作为商业秘密予以保护。

2. 商业秘密与计算机软件的关系

计算机软件，是指计算机程序及其有关文档。计算机程序，是指为了得到某种结果而可以由计算机等具有信息处理能力的装置执行的代码化指令序列，或者可以被自动转换成代码化指令序列的符号化指令序列或者符号化语句序列。文档，是指用来描述程序的内容、组成、设计、功能规格、开发情况、测试结果及使用方法的文字资料和图表等，如程序设计说明书、流程图、用户手册等。符合著作权法意义上作品构成要件的计算机软件，可以获得著作权法的保护，其程序和文档符合商业秘密构成要件的，也可以同时获得商业秘密模式的保护。

知识点八 商业秘密与不正当竞争的关系

■ **大纲要求：辨析/比较＊＊**

1. 商业秘密与不正当竞争的联系

侵犯商业秘密的行为只是不正当竞争行为的一种典型形式。也就是说，对商业秘密的保护，通常是把侵犯商业秘密的行为认定为一种不正当竞争行为从而获得反不正当竞争法的保护。

2. 商业秘密与不正当竞争的区别

除了侵犯商业秘密的行为，我国《反不正当竞争法》还规定了其他六种不正当竞争行为，分别是：

1）商业混淆行为。例如，擅自使用与他人有一定影响的商品的名称、包装、装潢等相同或者近似的标志等。

2）商业贿赂行为。例如，采用财物或者其他手段贿赂交易相对方的工作人员，以谋取交易机会或者竞争优势等。

3）虚假宣传行为。例如，经营者对其商品的性能、功能、质量、销售状况、用户评价、曾获荣誉等作虚假或者引人误解的商业宣传，欺骗、误导消费者等。

4）不正当有奖销售行为。例如，经营者进行有奖销售时所设奖的种类、兑奖条件、奖金金额或者奖品等有奖销售信息不明确，影响兑奖等。

5）诋毁商誉行为。例如，经营者编造、传播虚假信息或者误导性信息，损害竞争对手的商业信誉、商品声誉等。

6）互联网领域的不正当竞争行为。例如，未经其他经营者同意，在其合法提供的网络产品或者服务中，插入链接、强制进行目标跳转等。

上述六种行为与侵犯商业秘密的行为共同构成了我国《反不正当竞争法》所规制的不正当竞争行为。

知识点九　**侵犯商业秘密行为的法律责任类型及后果**

■ **大纲要求：了解** *

侵犯商业秘密的行为可能承担的法律责任有民事责任、行政责任和刑事责任。

1. 民事责任

侵犯商业秘密行为应承担的民事责任，是指由于侵犯商业秘密的行为人实施了民事违法行为所应承担的不利法律后果。侵犯商业秘密行为的民事责任在构成要件上与一般侵权行为相同，适用过错责任原则。

侵犯商业秘密行为的民事责任形式主要包括停止侵害和损害赔偿。

2. 行政责任

对于较为严重的侵犯商业秘密行为，可以追究相应的行政责任。侵犯商业秘密行为的行政责任，是指由于侵犯商业秘密的行为人违反了行政法律规定而应承担的法律责任。《反不正当竞争法》和《关于禁止侵犯商业秘密行为的若干规定》都规定了相应的行政责任。

目前，我国负责制止不正当竞争的监督检查部门是市场监管部门。侵犯商业秘密行为的行政责任形式主要包括责令停止侵权、没收违法所得、罚款等。

3. 刑事责任

对于可能构成犯罪的侵犯商业秘密行为，《反不正当竞争法》规定可以依法追究刑事责任。所谓侵犯商业秘密行为的刑事责任，是指侵犯商业秘密的行为人触犯了刑事法律而应当承担的法律后果。刑事责任的具体量刑标准规定在刑法当中。

我国《刑法》第219条对侵犯商业秘密罪作了明文规定，即侵犯商业秘密的行为给商业秘密的权利人造成重大损失的，处3年以下有期徒刑或者拘役，并处或者单处罚金；造成特别严重后果的，处3年以上7年以下有期徒刑，并处罚金。

第十一章 · CHAPTER 11

其他类型的知识产权

一、基本内容框架

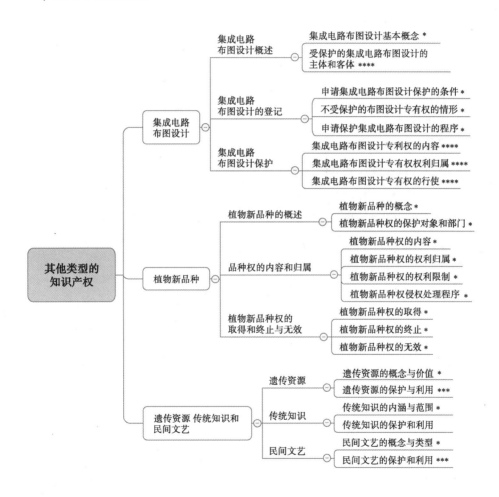

二、主要知识点

（一）掌握＊＊＊＊

1. 受保护的集成电路布图设计的主体与客体

2. 集成电路布图设计专有权的内容、权利归属及权利行使

（二）熟悉＊＊＊

3. 遗传资源、传统知识和民间文艺的保护和利用

（三）了解＊/判断＊

4. 了解集成电路布图设计的基本概念

5. 了解受保护的布图设计专有权的保护条件

6. 了解申请集成电路布图设计的条件与程序

7. 了解植物新品种的概念与主要内容

8. 了解品种权的内容和归属

9. 了解植物新品种权的取得、终止和无效

10. 了解遗传资源的概念与价值

11. 了解传统知识的内涵与范围

12. 了解民间文艺的概念与类型

13. 判断不受保护的布图设计专有权的情形

三、知识点解析

知识点一　集成电路布图设计基本概念

■ **大纲要求：了解** *

集成电路布图设计为生产集成电路而产生。集成电路布图设计，是指集成电路中至少有一个是有源元件的两个以上元件和部分或者全部互连线路的三维配置，或者为制造集成电路而准备的上述三维配置。

知识点二　受保护的集成电路布图设计的主体

■ **大纲要求：掌握** * * * *

含义	指对集成电路布图设计享有专有权的自然人、法人或者其他组织
依法享受布图设计专有权的人	中国自然人、法人或者其他组织
	将其创作的布图设计首先在中国境内投入商业利用的外国人
	其所属国同中国签订有关布图设计保护协议或者与中国共同参加有关布图设计保护国际条约的外国人

知识点三　受保护的集成电路布图设计的客体

■ **大纲要求：掌握** * * * *

含义	为制作半导体集成电路而设计的三维配置
属性	实现某一电子功能，集成在某一半导体材料的基片上的集成电路全部元件与部分或全部连线的三维配置
	具备独创性： ①布图设计是创作者自己的智力劳动成果； ②不是公认的常规设计。在其创作时该布图设计在布图设计创作者和集成电路制造者中不是公认的常规设计； ③如果受保护的是由常规设计组成的布图设计，其组合作为整体也应当具有独创性

知识点四　不受保护的布图设计专有权的情形

■ **大纲要求：判断** *

集成电路布图设计尚处于构思状态，或非揭示自然界中客观存在的物质、现象、变化过程及其特性和规律的过程、操作方法和工具性理论，则不受集成电路布图设计专有权保护。不受集成电路布图设计专有权保护的情形如下：

1）思想。只是停留在构思、构想状态，而没有表达出具体设计形式。

2）处理过程。处理过程是用特定的方法对工件或产品进行加工所经过的程序。这种程序不属于一种三维配置。

3）操作方法。操作方法是按照一定程序和技术要求进行的活动或工作方法。它是一种指导人们进行智力活动的方法，人们根据该方法进行操作需要有人的思维活动参与，这样的方法不受布图设计保护。

4）数学概念。数学概念是数学家创造出来的用于帮助人类更好地认识自然、改造自然的工具性理论，而不是揭示自然界中客观存在的物质、现象、变化过程及其特性和规律的理论。

知识点五　申请集成电路布图设计保护的条件

■ **大纲要求：了解** *

受理机关	国家知识产权局
申请布图设计登记提交的申请文件	1）布图设计登记申请表； 2）布图设计的复制件或者图样； 3）布图设计已投入商业利用的，提交含有该布图设计的集成电路样品； 4）国家知识产权局规定的其他材料
不予受理申请的情形	1）未提交布图设计登记申请表或者布图设计的复制件或者图样的，已投入商业利用而未提交集成电路样品的，或者提交的上述各项不一致的； 2）外国申请人的所属国未与中国签订有关布图设计保护协议或者与中国共同参加有关国际条约； 3）布图设计自创作完成之日起15年后提交申请的； 4）布图设计自其在世界任何地方首次商业利用之日起2年内，未向国家知识产权局提出登记申请的，国家知识产权局不再予以登记； 5）申请文件未使用中文的； 6）申请类别不明确或者难以确定其属于布图设计的； 7）未按规定委托代理机构的； 8）布图设计登记申请表填写不完整的

知识点六 **申请集成电路布图设计保护的程序**

■ **大纲要求：了解** *

初审审查	1）布图设计登记申请表； 2）布图设计复制件或者图样及其目录； 3）集成电路样品； 4）代理事项。 著录项目变更、恢复权利请求、布图设计专有权的放弃、有关程序中止和恢复的处理等
复审	1）形式审查； 2）合议审查。国家知识产权局组成合议组对布图设计的复审案件和撤销案件进行审查； 3）复审程序的终止。作出维持驳回决定的复审决定，通知布图设计登记申请人；驳回决定不符合有关规定或者经申请人修改后克服了存在的缺陷的，作出撤销驳回决定的复审决定，通知原审查部门予以登记和公告
撤销	布图设计获准登记后，国家知识产权局发现该登记不符合《集成电路布图设计保护条例》规定的，应当予以撤销，通知布图设计权利人，并予以公告。下列情形应当予以撤销： 1）不符合《集成电路布图设计保护条例》规定的集成电路和布图设计用语定义的； 2）外国人创作的布图设计没有首先在中国境内投入商业利用的；外国人创作的布图设计，其创作者所属国没有同中国签订有关布图设计保护协议，或者没有与中国共同参加有关布图设计保护国际条约； 3）申请保护的布图设计不具有独创性； 4）延及思想、处理过程、操作方法或者数学概念等布图设计的保护； 5）布图设计自创作完成之日起超过15年。 布图设计登记申请撤销程序包括受理程序、启动与审查、撤销程序的审查决定、对审查决定不服的救济

知识点七 **集成电路布图设计专有权的内容**

■ **大纲要求：掌握** * * * *

两项内容	复制权，是指权利人有权重复制作布图设计或者含有该布图设计的集成电路的行为
	商业使用权，是指权利人有权将受保护的布图设计、含有该布图设计的集成电路或者含有该集成电路的物品投入商业利用的权利
保护期限	专有权的保护期为10年，自布图设计登记申请之日或者在世界任何地方首次投入商业利用之日起计算，以较前日期为准。但是，无论是否登记或者投入商业利用，布图设计自创作完成之日起15年后，不再受《集成电路布图设计保护条例》的保护

知识点八　　**集成电路布图设计专有权权利归属**

■ **大纲要求：掌握** ＊ ＊ ＊ ＊

布图设计专有权属于布图设计创作者，分以下三种情况：

1）布图设计专有权属于自然人。该自然人死亡后，其专有权在《集成电路布图设计保护条例》规定的保护期内依照继承法的规定转移。

布图设计专有权属于法人或者其他组织的，法人或者其他组织变更、终止后，其专有权在《集成电路布图设计保护条例》规定的保护期内由承继其权利、义务的法人或者其他组织享有；没有承继其权利、义务的法人或者其他组织的，该布图设计进入公有领域。

2）两个以上自然人、法人或者其他组织合作创作的布图设计，其专有权的归属由合作者约定；未作约定或者约定不明的，其专有权由合作者共同享有。

3）受委托创作的布图设计，其专有权的归属由委托人和受托人双方约定；未作约定或者约定不明的，其专有权由受托人享有。

知识点九　　**集成电路布图设计专有权权利行使**

■ **大纲要求：掌握** ＊ ＊ ＊ ＊

1. **专有权的行使**

1）转让。转让是指集成电路布图设计专有权人在有效期内，通过订立合同的方式，将其集成电路布图设计复制权或商业使用权让予他人，并向国家知识产权局登记，由国家知识产权局予以公告。布图设计专有权的转让自登记之日起生效。

中国单位或者个人向外国人转让布图设计专有权的，在向国家知识产权局办理转让登记时应当提交有关主管部门允许其转让的证明文件。布图设计专有权发生转移的，当事人应当凭有关证明文件或者法律文书向国家知识产权局办理著录项目变更手续。

2）许可。许可是指集成电路布图设计专有权人与被许可人之间，通过签订实施许可合同的方式，允许被许可人在约定期限、约定范围内，按照约定方式实施其集成电路布图设计复制权或商业使用权。国家知识产权局对当事人已经缔结并生效的布图设计实施许可合同加以备案，并对外公示。

2. 专有权的限制

（1）合理使用。合理使用有三种情形：①为个人目的或者单纯为评价、分析、研究、教学等目的而复制受保护的布图设计的；②在依据前项评价、分析受保护的布图设计的基础上，创作出具有独创性的布图设计的；③对自己独立创作的与他人相同的布图设计进行复制或者将其投入商业利用的。

（2）反向工程。反向工程是指通过技术手段对从公开渠道取得的受保护的布图设计进行评价、分析而获得该产品的有关技术信息，在此基础上，创作出具有独创性的布图设计的行为。

（3）权利穷竭。权利穷竭是指布图设计权利人将受保护的布图设计、含有该布图设计的集成电路或者含有该集成电路的物品，由布图设计权利人或者经其许可投放市场后，其权利已经用尽，他人再次商业利用的，无须征得布图设计权利人许可，并不向其支付报酬。

（4）善意免责。善意免责是指行为人在获得含有受保护的布图设计的集成电路或者含有该集成电路的物品时，不知道也没有合理理由应当知道其中含有非法复制的布图设计，而将其投入商业利用的，不视为侵权。此处行为人即为善意第三人。善意第三人得到其中含有非法复制的布图设计的明确通知后，可以继续将现有的存货或者此前的订货投入商业利用，但应当向布图设计权利人支付合理的报酬。

（5）非自愿许可。非自愿许可也称强制许可，是指在国家出现紧急状态或者非常情况时，或者为了公共利益的目的，或者经人民法院、不正当竞争行为监督检查部门依法认定布图设计权利人有不正当竞争行为而需要给予补救时，国家知识产权局可以给予使用其布图设计。

根据非自愿许可的理由，规定使用的范围和时间，非自愿许可的理由消除并不再发生时，国家知识产权局应当根据布图设计权利人的请求，经审查后作出终止使用布图设计非自愿许可的决定。

取得使用布图设计非自愿许可的自然人、法人或者其他组织不享有独占的使用权，并且无权允许他人使用。取得使用布图设计非自愿许可的自然人、法人或者其他组织应当向布图设计权利人支付合理的报酬，其数额由双方协商；双方不能达成协议的，由国家知识产权局裁决。

知识点十　植物新品种的概念与主要内容

■ **大纲要求：了解** *

概念	经过人工培育的或者对发现的野生植物加以开发，具备新颖性、特异性、一致性和稳定性并有适当命名的植物品种。 1)《植物新品种保护条例实施细则（林业部分）》第2条规定，植物新品种，是指符合《植物新品种保护条例》第2条规定的林木、竹、木质藤本、木本观赏植物（包括木本花卉）、果树（干果部分）及木本油料、饮料、调料、木本药材等植物品种。 2) 我国《植物新品种保护条例实施细则（农业部分）》第2条规定，农业植物新品种包括粮食、棉花、油料、麻类、糖料、蔬菜（含西甜瓜）、烟草、桑树、茶树、果树（干果除外）、观赏植物（木本除外）、草类、绿肥、草本药材、食用菌、藻类和橡胶树等植物的新品种
品种权的保护对象	申请品种权的植物新品种应当属于国家植物品种保护名录中列举的植物的属或者种。植物品种的保护名录由审批机关确定和公布。植物品种保护名录中，农业部分由农业农村部发布；林业部分由国家林业和草原局发布
品种权的保护部门	国家林业和草原局植物新品种保护办公室负责受理、审查《植物新品种保护条例实施细则（林业部分）》规定的植物新品种的申请并授予植物新品种权，组织与植物新品种保护有关的测试、保藏等业务，按照国家有关规定承办与植物新品种保护有关的国际事务等具体工作
	农业农村部为农业植物新品种权的审批机关，农业农村部植物新品种保护办公室承担品种权申请的受理、审查等事务，负责植物新品种测试和繁殖材料保藏的组织工作

知识点十一　品种权的内容

■ **大纲要求：了解** *

新品种权包括独占权和衍生权。独占权包括生产权、销售权、使用权三种权利。衍生权包括许可权、转让权、标记权、追偿权四种权利。

独占权，就是任何单位或者个人未经品种权所有人（以下称品种权人）许可，不得为商业目的生产或者销售该授权品种的繁殖材料，不得为商业目的将该授权品种的繁殖材料重复使用于生产另一品种的繁殖材料。但是，非商业化的育种及其他科研活动、农民自繁自用授权品种的繁殖材料可以不经品种权人许可也不向其支付使用费，以及强制许可无须品种权人许可但应当付给品种权人合理的使用费三种情况例外。

权利		内容
独占权	生产权	品种权人有权依法再生产自己的授权品种，任何单位和个人不得阻止品种权人合法生产自己的授权品种
	销售权	品种权人有权合法销售自己的授权品种，其他人销售授权品种必须经过品种权人的许可
	使用权	品种权人有权合法使用自己的授权品种，只要不违反国家的法律法规和社会公德
衍生权	许可权	品种权人除可以自己实施品种权外，还可允许他人实施其品种权。只是使用权的有偿转让，所有权仍归品种权人所有，而被许可人只能在合同所规定的范围内生产、销售或利用其授权品种的繁殖材料，并应按合同规定履行相应义务
	转让权	转让植物新品种的申请权和品种权的权利。申请权的转让是指育种人可以将自己培育出来的新品种申请植物新品种的权利转让给任何单位或个人的行为，品种权的转让是指品种权人将其品种权转让给任何单位和个人的行为
	标记权	品种权人销售自己的授权品种可以在销售授权品种时标记有关品种授权信息。例如品种权申请号、品种权号、品种权人名称、授权时间等
	追偿权	品种权被授予后，在自初步审查合格公告之日起至被授予品种权之日止的期间，对未经申请人许可，为商业目的生产或者销售该授权品种的繁殖材料的单位和个人，品种权人享有追偿的权利

知识点十二　品种权的归属

■ **大纲要求：了解** *

分类	内容
职务育种	执行本单位的任务或者主要是利用本单位的物质条件所完成的职务育种，植物新品种的申请权属于该单位，包括： 1）在本职工作中完成的育种； 2）履行本单位交付的本职工作之外的任务所完成的育种； 3）退职、退休或者调动工作后，3年内完成的与其在原单位承担的工作或者原单位分配的任务有关的育种。 本单位的物质条件是指本单位的资金、仪器设备、试验场地以及单位所有的尚未允许公开的育种材料和技术资料等
非职务育种	育种人完全独立依靠自己的智力劳动以及资金、仪器设备、育种材料、试验场地等物质条件所完成的育种
	非职务育种，植物新品种的申请权属于完成育种的个人
	申请被批准后，品种权属于申请人

委托育种	以合同方式委托他人完成的育种，品种权的归属由当事人在合同中约定；没有合同约定的，品种权属于受委托完成的单位或者个人
合作育种	合作育种是指两人或两人以上共同完成的育种，品种权的归属由当事人在合同中约定；没有合同约定的，品种权属于共同完成育种的单位或者个人

知识点十三　品种权的权利限制

■ **大纲要求：了解** *

1. 合理使用

合理使用是指利用授权品种进行育种及其他科研活动或者农民自繁自用授权品种的繁殖材料，可以不经品种权人许可使用授权品种，并不向其支付使用费。但是，利用授权品种进行育种及其他科研活动，农民自繁自用授权品种的繁殖材料等，不得侵犯品种权人享有的其他权利。

2. 强制许可授权品种

为了国家利益或者公共利益，审批机关可以作出实施植物新品种强制许可的决定，并予以登记和公告。取得实施强制许可的单位或者个人应当付给品种权人合理的使用费，其数额由双方商定；双方不能达成协议的，由审批机关裁决。品种权人对强制许可决定或者强制许可使用费的裁决不服的，可以自收到通知之日起 3 个月内向人民法院提起诉讼。

知识点十四　品种权的侵权处理程序

■ **大纲要求：了解** *

1. 行政处理

1）未经品种权人许可，以商业目的生产或者销售授权品种的繁殖材料的，品种权人或者利害关系人可以请求省级以上人民政府农业农村行政主管部门、林业和草原行政主管部门依据各自的职权进行处理。行政处理方式有四种：①调解。根据当事人自愿的原则，对侵权所造成的损害赔偿可以进行调解。②责令停止侵权。为维护社会公共利益，可以责令侵权人停止侵权行为。③没收。没收违法所得和植物品种繁殖材料。④罚款。货值金额 5 万元以上的，可处货值金额 1 倍以上 5 倍以下的罚款；没有货值金额或者货值金额 5 万元以下的，根据情节轻重，可处 25 万元以下的罚款。

2）假冒授权品种的，由县级以上人民政府农业农村行政主管部门、林业和草原行政主管部门依据各自的职权责令停止假冒行为，没收违法所得和植物品种繁殖材料；货值金额 5 万元以上的，处货值金额 1 倍以上 5 倍以下的罚款；没有货值金额或者货值金额 5 万元以下的，根据情节轻重，处 25 万元以下的罚款。

县级以上人民政府农业农村行政主管部门、林业和草原行政主管部门及其他有关部门的工作人员滥用职权、玩忽职守、徇私舞弊、索贿受贿，尚不构成犯罪的，依法给予行政处分。

2. 司法处理

1）侵犯植物新品种权的司法处理：①未经品种权人许可，以商业目的生产或者销售授权品种的繁殖材料的，品种权人或者利害关系人可以直接向人民法院提起诉讼。②省级以上人民政府农业农村行政主管部门、林业和草原行政主管部门依据各自的职权进行调解未达成协议的，品种权人或者利害关系人可以依照民事诉讼程序向人民法院提起诉讼。③当事人就植物新品种的申请权和品种权的权属发生争议的，可以向人民法院提起诉讼。

2）假冒授权品种的司法处理：①假冒授权品种的，情节严重构成犯罪的，依法追究刑事责任。②县级以上人民政府农业农村行政主管部门、林业和草原行政主管部门及其他有关部门的工作人员滥用职权、玩忽职守、徇私舞弊、索贿受贿，构成犯罪的，依法追究刑事责任。

知识点十五　授予品种权的条件

■ **大纲要求：了解** *

条件	内容
植物新品种的属或者种	申请品种权的植物新品种的条件是应当属于国家植物品种保护名录中列举的植物的属或者种
新颖性	在申请日前该品种繁殖材料未被销售，或者经育种者许可，在中国境内销售该品种繁殖材料未超过 1 年；在中国境外销售藤本植物、林木、果树和观赏树木品种繁殖材料未超过 6 年，销售其他植物品种繁殖材料未超过 4 年
特异性	应当明显区别于在递交申请以前已知的植物品种
一致性	经过繁殖，除可以预见的变异外，其相关的特征或者特性一致

条件	内容
稳定性	经过反复繁殖后或者在特定繁殖周期结束时，其相关的特征或者特性保持不变
适当的名称	与相同或者相近的植物属或者种中已知品种的名称相区别。该名称经注册登记后即为该植物新品种的通用名称。仅以数字组成的，违反社会公德的，对植物新品种的特征、特性或者育种者的身份等容易引起误解的，不得用于品种命名

知识点十六　品种权的申请和受理

■ **大纲要求：了解** *

1. 品种权的申请

1）我国的单位和个人申请可以直接或者委托代理机构向审批机关提出申请。

2）向审批机关提交符合规定格式要求的请求书、说明书和该品种的照片。

3）申请文件应当使用中文书写。

4）审批机关收到品种权申请文件之日为申请日，邮寄的以邮戳日为申请日。

2. 品种权的受理

1）审批机关受理符合规定的申请：明确申请日；给予申请号；自收到申请之日起1个月内通知申请人缴纳申请费。

2）不符合或者经修改仍不符合规定的品种权申请，审批机关不予受理，并通知申请人。

3）申请人可以在品种权授予前修改或者撤回品种权申请。

4）我国的单位或者个人将国内培育的植物新品种向国外申请品种权的，应当按照职责分工向省级人民政府农业农村行政主管部门、林业和草原行政主管部门登记。

知识点十七　品种权的审查与批准

■ **大纲要求：了解** *

1. 审批机关

农业农村部、国家林业和草原局按照职责分工共同负责植物新品种权申请的受理和审查，并对符合《植物新品种保护条例》规定的植物新品种授予植物新品种权。农业农村部植物新品种保护办公室，承担品种权申请的受理、审查等事务，负责植物新品种测试和繁殖材料保藏的组织工作。国家林业和草原局植物新品种保护办公室负责受理、审查林业植物新品种权申请。

2. 初步审查

申请人缴纳申请费后，审批机关对品种权申请初步审查：是否属于植物品种保护名录列举的植物属或者种的范围；是否符合《植物新品种保护条例》第 20 条的规定；是否符合新颖性的规定；植物新品种的命名是否适当。

审批机关应当自受理品种权申请之日起 6 个月内完成初步审查。对经初步审查合格的品种权申请，审批机关予以公告，并通知申请人在 3 个月内缴纳审查费。对经初步审查不合格的品种权申请，审批机关应当通知申请人在 3 个月内陈述意见或者予以修正；逾期未答复或者修正后仍然不合格的，驳回申请。

申请人未按照规定缴纳审查费的，品种权申请视为撤回。

3. 实质审查

申请人按照规定缴纳审查费后，审批机关对品种权申请的特异性、一致性和稳定性进行实质审查。审批机关主要依据申请文件和其他有关书面材料进行实质审查。审批机关认为必要时，可以委托指定的测试机构进行测试或者考察业已完成的种植或者其他试验的结果。因审查需要，申请人应当根据审批机关的要求提供必要的资料和该植物新品种的繁殖材料。对经实质审查符合《植物新品种保护条例》规定的品种权申请，审批机关应当作出授予品种权的决定，颁发品种权证书，并予以登记和公告。对经实质审查不符合《植物新品种保护条例》规定的品种权申请，审批机关予以驳回，并通知申请人。

4. 复审

审批机关设立植物新品种复审委员会。对审批机关驳回品种权申请的决定不服的，申请人可以自收到通知之日起 3 个月内，向植物新品种复审委员会请求复审。植物新品种复审委员会应当自收到复审请求书之日起 6 个月内作出决定，并通知申请人。申请人对植物新品种复审委员会的决定不服的，可以自接到通知之日起 15 日内向人民法院提起诉讼。

知识点十八　品种权的终止和无效

■ **大纲要求：了解** *

1. 品种权的终止

1）品种权保护期限届满的终止情形：自授权之日起，藤本植物、林木、果树和观赏树木保护期限为 20 年，其他植物保护期限为 15 年，期限届满品种权自动终止。

2）品种权保护期限届满前终止情形：①品种权人以书面声明放弃品种权的；②品种权人未按照规定缴纳年费的；③品种权人未按照审批机关的要求提供检测所需的该授权品种的繁殖材料的；④经检测该授权品种不再符合被授予品种权时的特征和特性的。

品种权的终止，由审批机关登记和公告。

2. 品种权的登记和公告

1）农业植物新品种权终止由农业农村部负责登记和公告，具体由农业农村部植物新品种保护办公室定期发布植物新品种保护公报，公告品种权有关内容。

2）林业植物新品种权终止的登记和公告由国家林业和草原局植物新品种保护办公室设置品种权登记簿，出版植物新品种保护公报，登记或公告品种权申请、授予、转让、继承、终止等有关事项。

3. 品种权的无效

1）宣告品种权无效的情形：自审批机关公告授予品种权之日起，植物新品种复审委员会可以依据职权或者依据任何单位或者个人的书面请求，对不符合授予品种权的植物新品种应当具备新颖性、特异性、一致性、稳定性等任一条件的，宣告品种权无效。

2）宣告品种权无效的效力：

①被宣告无效的品种权视为自始不存在。

②宣告品种权无效的决定不具有追溯力。对在无效决定宣告前人民法院作出并已执行的植物新品种侵权的判决、裁定，省级以上人民政府农业农村行政主管部门、林业和草原行政主管部门作出并已执行的植物新品种侵权处理决定，以及已经履行的植物新品种实施许可合同和植物新品种权转让合同，不具有追溯力；但是，因品种权人的恶意给他人造成损失的，应当给予合理赔偿。依照前款规定，明显违反公平原则的，

品种权人或者品种权转让人应当向被许可实施人或者受让人返还全部或者部分使用费或者转让费。

知识点十九　遗传资源的概念与价值

■ **大纲要求：了解** *

1. 遗传资源的概念

含有遗传功能单位，任何能在生物间进行传递的遗传信息的载体可以被描述为"遗传功能单位"。

2. 遗传资源的价值

1）遗传资源本身对于延续生物多样性的完整性和持续性具有重要意义。

2）遗传资源为人类提供维持生存所必需的食物、药品。

3）遗传资源可以维持生态平衡，具有重要的生态价值功能。

当遗传信息同筛选、研究、开发等活动相结合时，可以成为新产品的来源。因此，遗传资源的商业化利用主要是指遗传信息的商业化利用，遗传资源的价值主要在于通过技术手段将遗传信息转化为特定产品而满足人类的特定需求。

3. 遗传资源的特征

1）复合性。遗传资源是无形信息和有形载体的统一体。有形载体是指具有物理表现形式的物质材料，如植物、动物、微生物等；无形信息是指其有形载体所承载的遗传信息。遗传信息可以脱离其有形载体而继续存在。

2）分布不均衡性。表现在"时空"差异上，即遗传资源往往是在特定时期内存在于特定地域内。遗传资源的地理分布受到地理环境、气候条件等的制约，因而在不同的地域内遗传资源的分布往往呈现出较大的差异。世界上最高比例的遗传资源为热带和亚热带地区的少数国家所拥有。

3）不可再生性。遗传资源所承载的无形信息是可以再复制的，但无形信息依托的有形载体一旦灭绝，其所承载的无形信息也就随之灭失。在自然环境中原本大量存在的生物物种一旦灭绝，便不能再生。

知识点二十　遗传资源的保护和利用

■ **大纲要求：熟悉** ＊＊＊

我国关于遗传资源的立法可以概括为以宪法为指导，以相关法律法规为主体，以国际条约为补充的分散式立法。

位阶	名称	条目	内容
宪法	《中华人民共和国宪法》	第 9 条、第 26 条	确立了保护自然资源的立法指引
法律	《中华人民共和国专利法》（2008 年修正）	第 5 条、第 26 条	对依赖遗传资源完成的发明创造作了规定
	《中华人民共和国野生动物保护法》（2018 年修正）	第 17 条	对野生动物遗传资源的利用和保护作了规定
	《中华人民共和国畜牧法》（2015 年修正）	第二章	对畜禽遗传资源的保护、管理和利用作了规定
	《中华人民共和国种子法》（2015 年修订）	第 8 条、第 9 条、第 10 条、第 11 条	对种质资源的保护、管理和利用作了规定
	《中华人民共和国渔业法》（2013 年修正）	第 29 条	对水产种质资源及其生存环境的保护作了规定
行政法规	《中华人民共和国人类遗传资源管理条例》	全文	对人类遗传资源的采集、保藏、利用与对外提供作了详细规定
	《中华人民共和国专利法实施细则》（2010 年修订）	第 26 条、第 109 条	对遗传资源的定义、依赖遗传资源完成的发明创造的专利申请作了规定
	《中华人民共和国科学技术进步法》（2007 修订）	第 28 条	规定了珍贵、稀有、濒危的生物种质资源、遗传资源等科学技术资源出境管理制度
	《中华人民共和国野生植物保护条例》（2017 年修订）	第 3 条、第 5 条、第 9 条、第 10 条、第 15 条、第 16 条、第 17 条、第 21 条	对野生动物资源的保护、发展和利用作了规定
	《中华人民共和国植物新品种保护条例》（2014 年修订）	全文	对植物新品种的保护进行了规定

遗传资源的利用包括遗传资源的获取与惠益共享的问题。遗传资源的获取可以分为原始获取与嗣后取得两种不占有的前提下获取并利用的方式，遗传资源的惠益共享

即不同主体之间公平合理、共同分享利用遗传资源所产生的货币性与非货币性回报。在遗传资源的获取上，《中华人民共和国人类遗传资源保护条例》对于人类遗传资源的原始获取（收集）进行了较为详尽的规定，其他有关遗传资源的法律法规对于遗传资源的获取也有相关规定。例如，《中华人民共和国畜牧法》《水产苗种管理办法》等。在遗传资源的惠益共享问题上，《中华人民共和国人类遗传资源保护条例》明确提出"利用我国人类遗传资源开展国际合作科学研究，合作双方应当按照平等互利、诚实信用、共同参与、共享成果的原则，依法签订合作协议"，《中华人民共和国畜牧法》原则性地提到了"国家共享惠益的方案"。

知识点二十一　传统知识的内涵和范围

■ **大纲要求：了解** *

在国际层面尚没有公认的传统知识的定义。1992 年《生物多样性公约》第 8 条（j）款将传统知识界定为"维持土著和地方社区体现传统生活方式而与生物多样性的保护和持久使用相关的知识、创新和做法"。世界知识产权组织关于传统知识的定义最初体现在 1998—1999 年发布的《知识产权与传统知识的事实调查团报告——传统知识持有人的知识产权需要与期待》。该报告将传统知识界定为"基于传统的文学、艺术或科学作品；表演；发明；科学发现；外观设计；商标、商号及标记；未披露的信息；以及来自工业、科学、文学或艺术领域的智力活动产生的所有其他基于传统的创新和创造"。上述传统知识可以划分为三类，即民间文学艺术表达、传统科技知识、传统标记。

知识点二十二　传统知识的保护和利用

■ **大纲要求：熟悉** * * *

2008 年 6 月 5 日国务院发布的《国家知识产权战略纲要》指出，"建立健全传统知识保护制度""扶持传统知识的整理和传承，促进传统知识发展""完善传统医药知识产权管理、保护和利用协调机制，加强传统工艺的保护、开发和利用"。2016 年国务院印发的《"十三五"国家知识产权保护和运用规划》指出"加强传统优势领域知识产权保护"，具体包括如下方面：开展遗传资源、传统知识和民间文艺等知识产权资源调查；制定非物质文化遗产知识产权工作指南，加强对优秀传统知识资源的保护和运用；

完善传统知识和民间文艺登记、注册机制，鼓励社会资本发起设立传统知识、民间文艺保护和发展基金；探索构建中医药知识产权综合保护体系，建立医药传统知识保护名录。

知识点二十三　民间文艺的概念与类型

■ **大纲要求：了解** *

民间文艺，即民间文学艺术，不同的国际组织、区域组织与国家界定的"民间文学艺术"的内涵与外延存在着较大的差异。

我国法律文件中并没有关于民间文学艺术概念的具体界定。《中华人民共和国著作权法》第6条授权国务院对民间文学艺术作品的著作权保护进行规定。2014年《民间文艺作品著作权保护条例（征求意见稿）》将民间文学艺术作品界定为"由特定的民族、族群或者社群内不特定成员集体创作和世代传承，并体现其传统观念和文化价值的文学艺术的表达"，并列举规定了如下类型：①民间故事、传说、诗歌、歌谣、谚语等以言语或者文字形式表达的作品；②民间歌曲、器乐等以音乐形式表达的作品；③民间舞蹈、歌舞、戏曲、曲艺等以动作、姿势、表情等形式表达的作品；④民间绘画、图案、雕塑、造型、建筑等以平面或者立体形式表达的作品。

知识点二十四　民间文艺的保护和利用

■ **大纲要求：熟悉** * * *

我国目前没有关于民间文艺的统一立法，有关民间文艺保护与利用的规定散见于国家和地方的相关文件中。《中华人民共和国非物质文化遗产法》在对非物质文化遗产进行界定时使用了"传统文化表现形式"一词，其实际上就是民间文艺。该法所保护的不仅包括各种传统文化表现形式，也包括与传统文化表现形式相关的实物和场所。因此，该法在某种程度上可以理解为民间文艺的专门法，只不过其客体将"相关的实物和场所"涵盖进来，其外延较民间文艺要宽泛一些。